Die Kanzlerin am Dönerstand
Miniaturen aus dem Leben
von Angela Merkel

默克尔
女性的力量

Torsten Körner

〔德〕托尔斯滕·科尔纳 著

陈 懋 译

中国出版集团 东方出版中心

图书在版编目（CIP）数据

默克尔：女性的力量 / （德）托尔斯滕 · 科尔纳著；
陈懋译. 一上海：东方出版中心, 2024.5
　ISBN 978-7-5473-2404-2

　Ⅰ. ①默… Ⅱ. ①托… ②陈… Ⅲ. ①默克尔-传记
Ⅳ. ①K835.167=6

中国国家版本馆CIP数据核字（2024）第087290号

Die Kanzlerin am Dönerstand:Miniaturen aus dem Leben von Angela Merkel by Torsten Körner
Copyright © 2021, Verlag Kiepenheuer & Witsch GmbH & Co. KG, Cologne/Germany
Simplified Chinese translation copyright by Orient Publishing Center
All rights reserved.

上海市版权局著作权合同登记号：图字09-2024-0228号

默克尔：女性的力量

著　　者　〔德〕托尔斯滕 · 科尔纳
译　　者　陈　懋
策划/责编　戴欣倍
装帧设计　钟　颖

出 版 人　陈义望
出版发行　东方出版中心
地　　址　上海市仙霞路345号
邮政编码　200336
电　　话　021-62417400
印 刷 者　上海盛通时代印刷有限公司

开　　本　710mm×1000mm　1/16
印　　张　15.25
字　　数　130千字
版　　次　2024年5月第1版
印　　次　2024年5月第1次印刷
定　　价　78.00元

前　言

这本书设定的要求就是不追求完整性。主要的政治路线不在这里划定，封闭的、线性的传记也不在这里呈现。这是片段，记忆的碎片，关于德国总理安格拉·默克尔的生活缩影可在此一目了然。这些小章节可以作为一个个自成一体的片段来阅读，它们相互参照，希望能形成一种对话式的动态。本书内容并不是按照时间顺序来编排。我希望这些篇章看起来像小故事，没有杜撰或添加任何虚构性的东西。幻想并没有参与其中，只有偶尔的共鸣和试图尽可能地以不同于政治传记的方式来发声。我能够为这本书中各种各样的来源和材料提供佐证。材料和受访者的选择是有意为之的，尽可能做到丰富多彩。我和福尔克尔·考德尔（Volker Kauder）谈过，他是真正政治家的缩影，我和京特·尧赫（Günther Jauch）谈过，他是表演大师的缩影。在这两极之间是我的对话者和兴趣范围。

2016年，我参与了一部关于总理的电影制作，其片名《意料之外》指的是，默克尔是一位总是欢迎变化的政治家，就像欢迎惊喜的宾客一样。她令人诧异的传记正是从最不可能甚至最不可思议的事情中存活下来的。在这第一部电影之后的一年里，我为电影《九月的三天》处理了默克尔的难民政策，随后又写了一本书（《在男人的共和国》）、参与制作了一部电影（《百折不挠的人》），这部电影讲述了旧波恩共和国里的那些女政治家。为了这些项目，我深入研究了德国总理默克尔本人，并与许多在她的道路上有交集或与被视为她的前辈的女政治家交谈。将这些书和电影项目交织在一起的好处是，一方面，我能够进行大量的采访和背景讨论，另一方面，我能够在大多数德国电影和电视档案中搜索到默克尔。这是一次穿越过去媒体形象的引人入胜的时间旅行，因为所有过去的脱口秀节目、报告文学、"来自波恩的报道"、纪录片、"每日新闻"或杂志文章都讲述了很多，但也很快被遗忘了。自1990年以来，档案中已经有很多有关默克尔的材料，以至于刚刚发生的事情到了明天就已经变成是昨天的事情，而到了后天则早已被遗忘。看到"热血青春"的青年部部长默克尔如何走过迪斯科舞厅、村庄、青年俱乐部和所有的省份，是非常具有启发性的，同时让人感到仿佛是和她一起去了一个未知的国家。人们可以从字面上看出，这位顺风顺水的政治家是如何不断地从新的角度被旧联邦州的人民所惊讶，她是如何用一种准民族学的眼光来看待这些外来部落的土著，并想知道他们对德国统一的成功究竟作出了什么贡献。

总理在联邦议院之外的讲话也是一个重要的信息来源。我没有确切地数过，但大约有一千份演讲稿，我翻阅了这些演讲稿，其中大部分可以在网上找到。在默克尔的这些日常演讲中——在劳工或雇主联合会、农民协会或乡村妇女协会、公司周年纪念日、竞选期间、节日、贸易展览会、学校或博物馆、颁奖仪式或荣誉表彰会上——总有一些即兴的段落，人们注意到她离开了事先规定的文本，在突然的灵感下，讲述她生活中的一些事情，使演讲更轻松。这些很少是重要的事情，但它们是——在通往人物画像的路上——许多小的马赛克石子。如果人们也研究一下视频记录——现在几乎没有这种约见不被视频记录下来的情况——那么有时会发现其中存在与记录的讲话有所出入的有趣偏差。例如，在2017年，当默克尔访问波茨坦的奥伯林之家，这是一个教区机构。在这里，默克尔谈到了她的童年和青少年时期，在随后的谈话中，她也回顾了她在瓦尔德霍夫的日子。她打断了自己的讲话，也打断了随后与该机构董事会的谈话，因为她对正在举行活动的教堂里有众多的摄影师感到了困扰。起初，她以诙谐的方式告诫摄影师，但后来语气也很严厉，她解释说，她认为礼拜活动和教堂空间与发出咔嚓咔嚓声响的相机不谐调。这样的转述，或者我们可以说是对记录文本的偏离，这些年来一再出现，使作为人和政治家的默克尔同时向前推进了。

有时，我希望能把电影和电视片段拼接得更细致，就像在一部电影中交织起来，而不对其进行评论或整合到背景中，可是一方面，材料过于丰富了，另一方面，这也与传闻中的夸张和不足之间的框架相矛盾。

这里只举一个例子。这是扎比内·克里斯蒂安森（Sabine Christiansen）谈话节目中的一个场景，1998年至2005年间，默克尔在该节目中出现了不下24次。这个例子是2003年的。当时的情形很有意思，因为默克尔的嘉宾是美国政治家希拉里·罗德姆·克林顿，她被认为是下一位极有可能当选的民主党总统候选人，因此也是默克尔的榜样。当被问及政治由于新数字媒体的加速而在多大程度上受到影响时，默克尔回答道："我认为，21世纪的领导者素质之一必须是，一个人有时试图保持沉默，有时也会说点什么，请再等等，因为我对这个问题还没有形成最终的观点。至少在德国的政治上，长期以来给人的印象是，我们可以马上做所有的事情，并对所有的事情负责。而我认为，好的政治也必须在一定程度上限制责任区，但也要很好地对它进行补充，在某些时候也要说：'我现在得回家了。'例如，我总是做这样的实验，如果我在星期六下午五点离开某个地方时，组织者说：'她必须去赴下一个约见。'我说：'如果您再这么说，我就要说我要回家了。'我是一个每周都要回家一次的人，无论生活将我带到哪里，我都会保持这种状态。"在这个关于中止的呼吁中，在这个暂时沉默和故乡记忆的呼吁中，已经藏着一整个默克尔了。即使作为总理，她也坚持参加这一节目；她的政治技巧也与刻意对词语的保留，与等待和放慢速度有很大关系。默克尔很早就知道，如果人们想长久地生存下去，就必须爱惜资源，而且人们有时也必须让时间停止，以免被这个世界贪婪的指针、它的命令和要求所吞噬。

即使我在这里只能展示或提供这些档案发现的一小部分线索，这些时间旅行和回顾性探索让我了解到默克尔几十年来是如何说话、表达自己、在镜头前摆出自己的位置，以及她如何处理攻击和袭击。这种默克尔的声音在耳边也有助于为默克尔的意见、感受或想法提供线索。每当出现内心独白时，我总是借鉴默克尔的语录、对话或采访。这里没有虚构，最多只是与气氛有关的背景，例如，当它涉及暗示细微差别或给予场景一个生动空间时。只有在一个点上，我保留了自己的自由，即虚构了默克尔的声音：例如在《在窗台前》一篇中，它描绘了霍斯特·泽霍费尔的铁路模型地下室。在这篇作品中，我杜撰了摩比玩具模型人物默克尔的思想流，相信读者会意识到这不是有关事实，而是有关心情的。在这篇作品中，我也对霍斯特·泽霍费尔采取了这种自由的态度，尽管他在那里所说的或所想的大约百分之九十都是泽霍费尔的真实讲话；我把对泽霍费尔的各种采访与我从背景谈话中获得的信息交织在一起，为这篇讲话赋予了节奏感。然而，这篇是个例外——就相对自由的设计而言——我允许自己在这里使用它，也是因为这个场景即使在现实中也是非常怪异，仿佛是虚构出来的：一个一直是总理宿敌的部长坐在他的铁路梦境中，身边坐着一个代表总理的摩比玩具形象。如果这一幕不能详细地在电视纪录片中得到肯定，那么人们很难相信了。

为了写这本书，我进行了远远超过一百次的谈话、采访和背景讨论。有时是简短的电话，有时是长达数小时的接触，往往是非常紧张的时间旅行。有些谈话的线索绵延数年之久。我要感谢一些人的提示、回忆、建议、指正和支持，他们是：Dieter Anschlag, Renate Augstein, Beate Baumann, Iris Berben, Bernd Birnbaum, Robert Birnbaum, Daniel Biskup, Thorben Bockelmann, Peter Brandt, Nikolaus Brender, Melanie Brinkmann, Regina Claussen, Karin Clement, Gitta Connemann, Herta Däubler-Gmelin, Adnan Demirsöz, Kristina Dunz, Annette Dittert, Ulf Fink, Nico Fried, Ines Geipel, Regina Görner, Robert Habeck, Elisabeth Haines, Gerda Hasselfeldt, Dieter Hackler, Jürgen Hardt, Margaret Heckel, Günther Jauch, Margot Käßmann, Volker Kauder, Gottfried Kerner,

Stephanie Kratz, Peter Kurth, Friedrich Küppersbusch, Ursula Männle, Ulrich Matthes, Sabine Gräfin von Nayhauß-Cormons, Christel Neudeck, Ursula Ott, Hans Helmut Prinzler, Peter Tauber, Susanne Rast, Matthias Rau, Johanna Martina Rief, Diemut Roether, Gabriele Rogowski, Michael Rogowski, Michael Prinz zu Salm-Salm, Annette Schavan, Walter Schels, Volker Schlöndorff, Ulla Schmidt, Matthias Schmidt, Steffen Seibert, Josef Albert Slominski, Georg Streiter, Jutta Struck, Reinhard Wiesner, Cornelia Yzer。

目　录

童 年 模 式

    安格拉·默克尔年轻时，阅读过克里斯塔·沃尔夫的小说《童年模式》，该书于1976年在民主德国出版。她曾经说过，这本书占据了她非常多的时间。书中说："过去的并没有死，它甚至没有过去。我们不过是把它与我们分开，让自己变成了陌生人。"柏林墙倒塌时，默克尔35岁。2021年，她迎来自己的67岁生日。因此，她在民主德国度过了大半生。在《童年模式》一书中，叙述者寻找自己的过去，寻找塑造自己的模式，寻找深深切入她一生的诸多重大转折事件。

    默克尔[1]1954年出生于汉堡，但只在那里待了几个星期。然后，他们家先是搬到了勃兰登堡的基佐夫（Quitzow），三年后又搬到了乌克马克（Uckermark）地区的滕普林（Templin）。牧师霍斯特·卡斯纳（Horst Kasner）追随教会的召唤，而女教师赫林

---

1 默克尔出生时的全名为安格拉·多罗特娅·卡斯纳。默克尔是她第一任丈夫的姓氏。她在23岁时正式跟夫姓，一直沿用至今，这就是我们所熟知的"安格拉·默克尔"。——编者注

德·卡斯纳（Herlind Kasner）则追随她的丈夫。在1961年柏林墙修建之前，有数百万人从东部逃到西部，卡斯纳一家却反其道而行之，是从西部移居至东部。虽然默克尔在东德长大，但国家只是一个住所，是和其他并存的一个精神塑形之所，是和其他并存的一片土地。这些塑造默克尔的其他地方就是乌克马克、滕普林、牧师住宅楼，她的出生地汉堡，一位祖母在那里，另一位在东柏林。国界的分隔，也是家庭的分裂。国家可以分裂，家庭可以分离，可是情感和思想却是千丝万缕地联系着的。意识中仍有一道来回游移的裂痕。亲戚们难得到访滕普林，还有来自西部的包裹，只有在特殊的场合和时刻，赫林德或霍斯特·卡斯纳才被允许前往西部。他们从来没有可能作为一个家庭整体离开，这时人就成了一种抵押品。

我是否像我在汉堡的表亲一样快乐呢？默克尔的回答是肯定的。这孩子并没有错过什么。她的童年世界很大，富有冒险精神。瓦尔德霍夫本身就是一个世界；它是教会培训中心，同时也是有着身心障碍的青少年和成年人的家。这里有木匠工场、园艺苗圃、马厩、洗衣房，还有大通铺、小礼堂、各种住宅楼和农业用地，这里种着马铃薯、草莓、芦笋、胡萝卜、豌豆、豆角和香料植物。这里有动物被宰杀，有动物出生，猫在周围到处游荡，狗在站岗看家。默克尔坐在一个大锅——土豆蒸锅旁，看动物饲料的整个制作过程。她可以清洗蔬菜，采摘草莓，她可以从园丁的肩膀上看过去，她信步走过铁匠那儿，木匠有时会给孩子们做高跷。日子有着一个清晰的秩序，早上、中午和晚上都会敲钟。晚上6点，钟声响起，该吃晚饭了，现在得抓紧了。当她开始到莱比锡上大学的时候，最初的几个月里她还挺怀念晚间的钟声呢。

在住宅楼里，牧师说出豪言壮语，他的妻子说出关键的话语，孩子们说出日常的话语，这些话语有支持、引导、保护的含义，也有惩罚的意味。霍斯特·卡斯纳负责庄严的智慧和果断、严苛，赫林德·卡斯纳的严厉则相对温和，她是日常生活中可以信赖的政治家。她是女儿的耳朵，她知道女儿的忧虑和渴望。每天，默克尔都可以把所有的事情说出来，和母亲一起自由地谈论。父亲常常不在，而且不在身边的时间往往比允诺的时间更长，默克尔就站在门口，默不作声，徒然等待。父亲有充裕的时间来对待一切，可他在时间方面对女儿却很吝啬。默克尔觉得不公平，他对那些寻求建议和帮助的人、对各种各样的来客似乎有无限的理解，可对自己来说，只剩下少得可怜的关注和理解。

不过，父亲首先是以缺席者的身份在场，而母亲则是以出席者的身份不在场。她原本是一名拉丁语和英语教师，却因为是牧师的妻子，在民主德国不允许授课，所以她是一名不可以教书的教师，是一个没有汉堡的汉堡女人。她跟随丈夫去往外地，在那里，他找到了一份工作，过上了有信念的生活，而她却不得不放弃许多东西。她更要照顾好孩子们。于是有了第二个孩子马库斯，还有老幺伊蕾妮，比姐姐晚出生了十年。默克尔是孩子们的调解人，或许也是成年人的调解人，她被认为是需要和睦相处的人。很久以后，她作为一个成年人、一名政治家，当全世界都想阐明她的名字含义时，她纠正了那些把"安格拉"翻译成"天使"的人，她更喜欢另一个意思，她是"信使"。

那位不可以教书的教师给她的孩子们上课。每天早上她都会喊出这样的口号：你们必须比别人强，作为牧师的孩子，你们必须更加优秀，否则你们上不了大学。赫林德·卡斯纳教默克尔英语，考核她的单词量，传授各种知识。无论是历史还是地理，母亲在女儿的书包里放了许多座右铭或记忆法则。伊萨尔河、伊勒河、莱希河和因河从右侧流入多瑙河；阿尔特穆勒河、纳布河和雷根河从左侧流入多瑙河。

母亲偶尔会给默克尔一记耳光，但这种情况极少发生，更多的是在默克尔生气和拒绝执行命令时削减她的零花钱。为什么我现在又要到花园里去取欧芹？ 14岁时，她第一次违背父母的意愿去电影院看克里斯·德克（Chris Doerk）和弗兰克·舍贝尔（Frank Schöbel）的《炎热的夏天》（*Heißer Sommer*），所有东德青少年梦想中的情侣。这部德国电影股份有限公司（DEFA）出品的轻松剧对父母而言毫无感觉，他们也许认为这是一部愚蠢的流行电影，情节也就是夏天、阳光、沙滩，还有这里那里的吻。

> 无云的天空和沉默的风
>
> 难以相信气压计如何上升
>
> 今年的炎热夏季
>
> 是个多么美妙的炎热夏天

这部电影就是个节日的幻想。高中学生们从各种规则和日常操练中解脱出来，在没有父母陪伴的波罗的海宣泄狂欢。父母不在身边，默克尔也享受着更大的自由："假期里我常常去柏林的祖母家。那是最美好的时光，是完美的童年幸福。晚上，我还可以看电视到十点，这是父母从来不曾准许过的。早上九点，我跑出家门，按照计划逛遍所有的博物馆。在那里，我结识了许多国际友人。我遇到了保加利亚人、美国人和英国人，15岁的时候我还和美国人一起出去吃饭，并告诉他们关于民主德国的一切。"

这名女学生喜欢和人交往，在学校也很受欢迎。她在班上成绩名列前茅，但又不被看作书呆子；她身处其中，让人模仿，也激励别人学习，为此同样不惜使用不寻常的激励技巧。曾经有一名女同学患有考试恐惧症，她答应这名女同学，如果这位同学真的付出努力并通过考试了，那就和她一起抽一次烟。有一次当这位女同学很早就订婚时，她还偷了一束花送给这位同学。默克尔是个好伙伴，她不是舞池中的女王，而更像是舞池边上的看客，等待有人来招呼她。在家里，她收集各种艺术明信片，尤其对表现主义画家特别感兴趣。星期天她去玛利亚·玛格达莱娜教堂做礼拜，1970年5月3日她就是在那里接受了坚信礼。生活当然不是一本诗集，但许多名言和诗句都成了生活的伴侣。默克尔的坚信礼誓词是"**而今信仰、希望和爱——这三者依然存在，但最伟大的是爱**"。当孩子带着钱到滕普林储蓄银行去存的时候，则遇到更多世俗的指导原则。在桁架结构的老房子上，你可以读到这样的箴言：**"早早践行节俭的人，就能在生活中走得更远"**或**"储蓄，就是完成一项伟大的社会任务"**。她从来都不是一个乱花钱的人，无论是孩童时期还是青年时代。

孩子们的巨大幸福包括小小的快乐、苹果汁和肉丸子，还有在附近的湖里游泳。只有在学校，她作为知识分子家庭子女的身份才会困扰她。班级点名册上有一栏叫做"社会出身"，在这里，大写字母"I"代表知识分子。这个"知识分子"的大写字母也曾经阻止她听从一个邻座同学的建议。在一次课上，老师问所有学生，他们的父亲是什么职业，她的同学就建议她直接说"司机[1]"，不说牧师。但当她站起来的时候，她知道，如果代课老师查看班级点名册，这个原本迷人的把戏就会马上穿帮。因此，她必须让自己无懈可击，顺利通过高中毕业考试（Abitur），这样她才不会在教育机会分配荒谬的工农国家与机遇无缘。她必须展露光芒、随机应变、脱颖而出，但又不能过于引人注意。即使在扩展高中（相当于联邦德国的文理高中）里，老师们也在谈论成绩、成绩、成绩。"成就就是一种责任。"班主任以漂亮的规范和热情这样说道。因此，学校教育就是为国家效力，而家庭教育则是对国家的保护。而教会，它的新教信仰，不是也教导人们通过耗尽自己在尘世的财富并把自己练就成为一个虔诚的人，来最好地服侍上帝吗？高中毕业后，她更愿意去莱比锡，而不是柏林，尽管柏林离家更近。她要远离，长大成人需要距离。当然，同样在莱比锡，她仍然走在勤奋的路上，致力于成就的理念。这不仅仅是向前看的问题，还需要经受很多很多。年轻时期的默克尔常常经过莱比锡奥古斯都广场上的克洛赫高楼（Kroch-Hochhaus）。在高楼顶端，有两个敲钟人每个小时都会敲钟，提醒人们光阴无价。在他们站立的基座上，刻着一句远远就可看见的话：Omnia vincit labor（工作胜过一切）。

就在1970年她举行坚信礼的玛利亚·玛格达莱娜教堂里，2011年和2019年她分别为父母举行了葬礼，先是父亲霍斯特，然后是母亲赫林德。但是，即使她生命中两个最重要的人——父亲和母亲——去世了，滕普林和乌克马克注定永远成为默克尔的一部分。

---

1 在德语中，司机（Fahrer）的发音和"牧师"（Pfarrer）接近。——译者注

世界上最好的葬礼

……你把衣服上的泥土抖落下来并重新站起来的葬礼，是你的整个人生都在你面前的葬礼，是你因为每个人都作出如此愚蠢的表情而笑倒的葬礼。

默克尔那时应该是10岁或11岁。卡斯纳（Kasner）一家在滕普林的瓦尔德霍夫（Waldhof in Templin）有一个花园，一个有围栏的花园。花园里有一个沙堆，这似乎很奇怪，因为整个瓦尔德霍夫就是一个冒险游乐场，一个挖掘坑，一个由泥土、草地、树木、灌木和各种农场建筑组成的地方。在这种环境下，沙堆是城市游乐场一个优雅的管理者。这里的沙子也比其他主要的乌克马克土块的颗粒更细。瓦尔德霍夫的一些孩子有时会在这个沙堆里玩葬礼的游戏。慈善救济会执事的孩子、行政管理人员的孩子、卡斯纳家的兄弟姐妹、车间主任的孩子，大概有15个孩子，女孩和男孩混在一起。每一个人都按照自己的风格下葬，而且是庄严地下葬。

他们中的大多数人来自教会家庭，所以他们熟悉教会的告别仪式。正因为如此，葬礼也是在沙坑里进行个人定制的。大家说了几句悼词，有人请求亲爱的上帝为死者提供帮助，并回忆起他最优良的品德。每个人都收到一份安葬礼物，每个人都选择若干旅行物品。据默克尔的一名掘墓人回忆，她希望得到一束欧芹，放在自己的嘴唇之间。她躺在那里，沉默不语，屏住呼吸，感受着胸前的沙子……她第一次玩起了一动不动的游戏——直到其他人用笑声唤回她的生命。

跳　水

默克尔站在跳台上，腿很瘦。她迟疑了一下，就爬了上去。她对每一步都不信任，她用脚试探着材料，下巴紧紧地贴着胸前。现在她站在上面，嘴唇发青，其他人在等着。"跳，跳！"那些无论如何都不肯跳的人甚至都没有爬上去；那些心中恐惧的人又重新爬下来了——而其他人早就跳了下去，有人大声欢呼，有人默默地伸出双臂，有人则像长矛一样一头往下扎。只有她还站在上面，站了有三刻钟，在权衡利弊。体育老师看了看时间。这节课就要结束了。她现在要跳了吗？学生们离开游泳池，几乎没有人还在关注她。然后她放开栏杆，向前走去：她是在跳还是在摔？她已经战胜了自己，这才是最重要的。当她潜入水中时，水几乎没有注意到她，至少没有引起太多注意。她的脚板一阵刺痛，她同样很自豪。

正 当 防 卫

　　她被人推了一下，不，她没有推回去。她经常站在边缘。她忍受，她退让。如果其他人催促，她就等着，甚至甘冒吃亏的风险。如果有人打她，她就跑开。父母关切地看着，特别是母亲鼓励女儿进行反击。如果有人打你，你就打回去！绝不能容忍！当默克尔从受气包的角色走出来时，她应该有13岁了，她突然从过度容忍中走了出来。在歌德学校，大家正在做数学作业。默克尔正在专注用功，她旁边的男孩却在捣乱，摇晃着椅子，干扰她的思路。数字在纸上胡乱地狂舞，尽管她知道解题方法，却怎么也解不出来。突然，她满怀怒火，转向那男孩，给了这个捣蛋鬼一记结实的耳光。老师看到这个情景，不禁鼓起掌来：好样的！

　　这个故事从不同的途径传到父母那儿。"我们当时就知道，"多年后，母亲如释重负地叹道，"现在她成功了。"不过，这个故事还有后续。被打了耳光的男孩对她进行报复。他一直追踪默克尔几个星期，戳破她的自行车轮胎，还嘲弄她。但最后她又被邀请参加这个讨厌鬼的生日聚会，事情总算过去了。

第 一 千 金

当伊万卡闭上眼睛拥抱总理默克尔时，她的睫毛上仿佛有冰糖落下，第一千金显得那么甜蜜，那么有圣诞的气氛。默克尔曾邀请伊万卡·特朗普（Ivanka Trump）参加在柏林举行的2017年G20妇女峰会。默克尔希望与性情乖张的唐纳德·特朗普（Donald Trump）总统建立联系，并将妇女问题列入全球议程。毕竟，越来越多的妇女在商业和政治领域担任领导职务。那么，伊万卡就是其中的纽带。坐在主席台上除了总统的女儿，还有国际货币基金组织总裁克里斯蒂娜·拉加德（Christine Lagarde）和荷兰女王马克西玛（Maxima）。夜晚，盛大的晚宴在洲际酒店举行。默克尔坐在珠光宝气的伊万卡旁边。伊万卡转向默克尔，用绵白糖般的声音——这有时与她父亲的声音恼人地相似——问默克尔如何度过周末，如何休息，如何转移注意力和自我放松。默克尔转过身来，回答道，她在自己的小花园里休息，或者和她丈夫一起听音乐。伊万卡闭上眼睛，绵白糖被冻住了。当她再次睁开眼睛时，深深的疑惑刻在了她的脸上。默克尔到底是什么意思？这是一串密码吗？还是给我父亲的加密信息？

两年后，当两人在慕尼黑会面时，伊万卡在推特上兴奋地说："我从我们的谈话中学到了很多，期待我们未来能继续合作。谢谢！"

"请出示车票！"

　　总理也是人。当人们在阅读和观看时，有时会记得，她被赋予怎样的权力，她应该是谁的女儿（希特勒、昂纳克、外星人），她怀有怎样的计划来征服这个国家，而后又让整个世界来接受她的计划。当2020年秋季第二波新冠疫情袭来，默克尔需要寻找应对措施。她将从病毒学家、流行病学专家以及预测大流行病未来走向的专家那里找到答案。

　　当这位著名女病毒学家（她是默克尔身边的顾问团成员之一）的手机响起时，她正在汉诺威火车总站。火车进站，一连串的广播声响起。当病毒学家看到是谁打来的电话时，她接听了。"教授，我需要从您那儿知道，现在是12点差5分还是12点？"——"默克尔女士，现在是12点，该采取行动了。"这位病毒学家差点没能上火车，她很快找了一个安静的角落打电话，这时检票员突然走了过来。"请出示车票！"肩上扛着两个袋子的病毒学家在接听总理的电话，病例数扶摇直上，第二波在滚动，火车也开动了。"请出示车票！"检票员像一个感叹号一样立在那里。病毒学家想要示意他，她需要五分钟。"事情很紧急！"她对检票员低声说道。检票员像个数字"1"一样坚定地站着。默克尔正在等待建议。病毒学家非常激动，她向检票员递去手机，以便让他在显示屏上看到是谁打来的电话。"总理，事情紧急！"病毒学家再次低声说道，并以她的面部表情向检票员请求获得理解和耐心。但检票员也只是一个人，或者说只是一名检票员，他就一直站立着，就像一棵德国橡树一样。病毒学家请求默克尔的谅解，她现在必须要出示车票了，而车票还储存在她的手机里。"好吧，我们快要完成任务了，教授！"默克尔放松了。是的，终于阻止总理在德国接管权力了，谢谢你，德国铁路！

自 行 车

只要默克尔还不确定哪里是左哪里是右，她就不能骑自行车去学校。上车同样需要掌握，下车就更有挑战性了。很长一段时间，她都很难做到这一点，于是一直眼巴巴地望着其他比她还小的孩子天生就能很好地掌握平衡，并像会魔法一样骑车。而她，练习、练习、再练习，直到母亲同意她骑车。然后，她就每天早晨和中午，从瓦尔德霍夫骑到歌德学校，再骑回来，足足骑了三公里，有时如闪电般快速骑行，有时则慢悠悠地结伴而行。

这里最漂亮又最安全的路线是穿过滕普林的市民花园，一处位于城市边缘的小树林，不知道应该把它当作公园、绿化带还是森林，总之多多少少像一个被人遗忘的角落。当局年年都要伤脑筋，如何妥善处置这个市民花园，如何保护它免受儿童和青少年之扰，因为他们有时会把这些道路变成赛车道，用自行车扬起尘土。终于，有一天，当局不再允许人们在市民花园内骑自行车，这一新规定由警察来执行。

也许是瓦尔德霍夫的孩子们没有得到消息，或者他们选择无视新规定，毕竟备选的替代路线比起之前既漫长又拥挤不堪。于是，默克尔在从学校回家的路上直接冲进了公园的怀抱。骑行在她前面的女孩已经远远地看到了穿制服的公园管理员，于是迅速转身消失在树木背后。而默克尔不知是注意力不集中，还是冲得太猛，没有及时刹车并改变方向，就径直冲进警察检查站中。由几名警察代表的国家当局首先逮捕了这名女学生，并对她进行了现场审讯，而逃跑的同伴则在她的藏身处注视着这一幕。时间似乎在无休止地延伸。你刚才和谁一起骑车了？你旁边的那个人是谁？姑娘，我们看到她了！你不想帮我们吗？如果你不想说什么，我们可以在这里一直站着！但默克尔还是守口如瓶，始终避而不谈任何名字。最后，警察放她走了。姑娘，你现在可以走了！这名姑娘已经通过了测试。现在可以说，她不是一个告密者。

在德国，只有总理候选人才骑自行车，总理总是坐在防弹豪华轿车里。在德意志联邦共和国的政治图片库中，你几乎找不到一个骑自行车的总理，太多的铁丝和太多的驴子[1]。自行车并不用于作为权力的象征，它体现的是日常生活，而非特殊人物，因为这里隐藏着太多的危险（总理不做运动是显而易见的，看起来稀松平常，权力的光环碎裂了）。马蒂亚斯·勃兰特（Matthias Brandt）曾回忆说，时任总理的父亲[2]想和赫伯特·韦纳（Herbert Wehner）一起踏上自行车之旅，以营造一个和解的会谈氛围，不

---

1 在德语中，Drahtesel是"自行车"的戏谑语。Draht是"铁丝"的意思，Esel是"驴子"的意思。——译者注

2 指的是维利·勃兰特（Willy Brant, 1913—1992），德国政治家，1969年到1974年任联邦德国总理。——译者注

过踏板外交还没开始就结束了。勃兰特不习惯骑自行车，从自行车上摔了下来，只好骂骂咧咧地步行出发了。总理们再也不骑自行车了，他们只依稀记得，大概只有当他们得骑到自行车上去发表演讲时才会这样，同样在汽车国度的德国也很少发生这种情况。不过，默克尔总理也无法逃避电动自行车的成功推进。2013年，她为在弗里德里希港（Frierichshafen）举行的2013年欧洲自行车展揭幕时说道："我要承认，我作为总理的这段时间里，一定程度上降低了我对骑自行车这一实际运动的热情，但我相信并不会永远这样，尽管我对不断发展的新技术一点也不适应。这许多变速挡位，还有现在的电动自行车——我闲下来的时候必须要尝试一下呢。"

走 私 物 品

父母家的厨房在摇晃，一股黑烟升起，一时之间无法确定是否还有幸存者。鲁道夫·扎赫拉德尼克（Rudolf Zahradník）的科学生涯是从一次爆炸开始的。巫师的学徒将硫黄和氯酸钾的混合比例调整到爆炸的程度。这名未来化学家的父母表现出了宽容，但从那时起，各种实验就只能在浴室里继续进行了。

扎赫拉德尼克教授是一位绅士和学者，也是量子化学的先驱，科学家声名享誉世界。1989年，"天鹅绒革命"之后，许多捷克人希望他能成为总统。默克尔在20世纪80年代初就认识了这位大人物，当时她在布拉格进行了为期数月的各种访学活动。她后来的丈夫约阿希姆·绍尔（Joachim Sauer）当时也在布拉格，在鲁道夫·扎赫拉德尼克的研究所做研究。正如默克尔在对捷克进行国事访问时回忆的那样，她还考察了波希米亚和摩拉维亚著名的葡萄种植区，了解他们对好酒的嗜好来自哪里。

优秀的科学家总是把目光投向餐盘，包括扎赫拉德尼克，他当然可以被认为是未来女科学家的导师。这位来自东柏林的女物理学家，能够与他一起公开谈论意识形态和科学证据，还有东西方的生活条件。即使在那时，布拉格对她来说也是一个特别的城市。1968年布拉格之春的镇压行动在这个当时只有14岁的女学生的记忆中留下了不可磨灭的记忆，因为她可以说是亲身经历了这一历史事件。当时，她正与父母在克尔科诺谢山（Riesengebirge，又称巨人山）度假，卡斯纳一家从当地人那里租了一套度假公寓。有一天，房东的儿子开始撕毁印有捷克斯洛伐克共产党第一书记安东宁·诺沃提尼（Antonín Novotný）头像的邮票。你在干吗？你为什么要撕毁邮票呢？——现在，杜布切克（Dubček）是伟大的英雄。现在风向开始变了。

霍斯特和赫林德·卡斯纳也被这种觉醒的精神所感染。他们很好奇。这就是革命吗？大家所希望的"带有人性光辉的社会主义"现在就要到来了吗？东德也会发生变化吗？大人们前往布拉格，并将默克尔和弟弟留在斯涅日卡山的佩切镇（Pec pod Sněžkou）主人那里，由他们代为照顾两天。不过，东欧各国的生活可能会向好的方向发展，变得更加自由和民主，但这种希望只持续了很短的时间。不久之后默克尔在东柏林的祖母家度暑假时，她从广播中听到华沙条约组织的军队开进捷克斯洛伐克，坦克在布拉格的街道上行进。"布拉格之春"以暴力和血腥的方式结束冰河时代。不过，扎赫拉德尼克是一位越冬大师。他知道系统的终局，他知道崩溃的规律。

默克尔2008年以德国总理的身份首次访问捷克，这也是她与老教授的重逢，这一天也是老教授庆祝自己80岁生日的日子。两人看起来都非常激动，在私下交谈中仿佛感觉时光倒流。默克尔在布拉格查理大学的演讲中，以一种特殊的方式提到了她的导师："我依然非常愿意回忆起我在布拉格作为科学家的时光。对我来说，鲁道夫·扎赫拉德尼克教授和他的夫人今天和我们在一起，这是一个非常令人动容的时刻——在这样一个八十大寿的日子里，我想向他再次表示衷心的祝贺。我有幸作为研究人员与鲁道夫·扎赫拉德尼克教授及其同事一起工作了好几个月。当我回首往事，他总是适时勉励我们这些年轻人，尽管政治和社会环境不太顺利，我们也决不要灰心丧气，也决不要粗心大意和草率从事，而是要想方设法，尽可能努力达到自己能力的极限。"扎赫拉德尼克微笑着，那是统一后的德国总理在演讲，而他曾是她的老师，也是违反海关规定行为的煽动者。

因为扎赫拉德尼克无论如何都是一个自信的人，因为他无论如何都喜欢微笑——他甚至带着微笑完成他的实验——而且因为他也喜欢讲故事，他更喜欢讲跨境自信的故事："安格拉有几次从民主德国给我的孙子带来毛毡拖鞋。这些拖鞋比起我们能买到的要好穿多了。她还为同事们带了一台缝纫机到布拉格来，因为我们这里根本就没有这样的东西。那是真正关爱的表现。对她进行检查的海关人员惊呆了，问：'看在上帝的分上，您去布拉格从事科学工作，为什么需要一台缝纫机呢？'安格拉认真地告诉他，她想在工作之余用它来缝纫。"女总理以其他信心故事作为回报，例如她如何能够在布拉格见到她的汉堡表妹，虽然是快乐的事，却是被禁止的。或者她还讲述了东德标杆列车的故事，即从东柏林开到布拉格的"文多波纳号"（Vindobona）列车完全晚点了。民主德国的国营铁路公司的牵引机车模仿联邦德国的"欧洲快车"（Trans Europ Express, TEE），看起来像是火箭和鲨鱼的混合体。自1957年以来，"文多波纳号"以其走过的路线和高档的设施，经常为外交官所使用。然而，全程时长在11至14个小时之间，其中包括在民主德国和捷克斯洛伐克-奥地利边境上耗时长得要命的过境检查。"'文多波纳号'经常晚点。有一次，它居然晚点了好几个小时。我对鲁道夫·扎赫拉德尼克说，这一切简直太可怕了，非常糟糕。然后他说，请不要生气。只有你和我知道，我们正在参加一项社会实验。不幸的是，并不是每个人都知道这一点。这就是为什么我们还得忍受这些缺点一段时间的原因。"就在女总理讲这个故事的当天晚上，她还在飞回柏林的途中。这次，她花了35分钟。

默克尔从她的老师那里学到了一些东西，而这些东西只有到了以后才能发现：心理承受力、微笑、抗压能力、早起、保持自己的系统处于运行状态，有时需要啤酒、波希米亚饺子和葡萄酒。大多数时候，有自信的意识就够了，反思一下什么东西完好无损地保留下来，继续前进。鲁道夫·扎赫拉德尼克是一位信心十足的长跑运动员。默克尔也是。当他90岁的时候，她意外地参加了他的生日聚会。有时，国事访问也可以这样计划，国家成为次要的事，而人民成为主要的事。两年后，即2020年10月，默克尔的老师兼伟大学者去世了。在他的讣告中这样写道："扎赫拉德尼克的座右铭是：向前看，给人信心，与人连接。鲁道夫的态度在他与米莱娜·扎赫拉德尼科娃（Milena Zahradníková，娘家姓Bílková）的共生婚姻中找到了一个美妙的对应点。两人在1945年5月的布拉格起义期间在一个地窖里认识。米莱娜在鲁道夫去世前六天就离开人世了。对失去这些传奇人物的悲痛不会消失。"

中　尉

　　童年是我们身份的底色。我们以后是谁，不是谁，都在这里决定。默克尔成长的瓦尔德霍夫就位于滕普林。这是一个属于自己的世界，是市郊的一个村庄。人们在这里见面，他们也只能在这里见面，因为他们在其他地方是被隐藏起来的，保持沉默的。瓦尔德霍夫这个地方建立于1854年，最初是一个为那些遭受工业化进程磨难的家庭、有行为问题的和被忽视的儿童提供的"男孩救助所"。随着时间的推移，各种工场、农场、园艺花圃、木工车间、公共厨房都建了起来。当霍斯特·卡斯纳带着他的妻子赫林德，还有幼时的默克尔搬到瓦尔德霍夫时，瓦尔德霍夫正经历着变革。那些难以管教的、有行为问题的儿童和青少年被送到民主德国的所谓青少年看守所，而在1958年，有精神和身体残疾的人就迁到了瓦尔德霍夫。与此同时，霍斯特·卡斯纳在那里建立了牧师神学院，这是一个面向牧师和新教教会其他工作人员的培训中心。

　　因此，默克尔从小就生活在那些乍一看在任何地方都不会被认为是正常的人中间。我们应该记住：在德意志联邦共和国，智障人士常常被认为是"弱智者"或"残疾人"。他们既得不到系统的支持，也无法成为社会生活中可见到的角色。他们的确在某处，但又从未身处其中。这种无视在民主德国更加明显。这里，残疾人主要由教会照顾；他们不受欢迎，是麻烦制造者，属于人类乌托邦委员会。

因此，从幼年开始，默克尔就天天在残疾人中间活动，他们属于瓦尔德霍夫这个社会，是大家庭的成员："比邻而居，在他们当中长大，对我来说是一场重要的经历。那时我就学会了如何与残疾人正常地打交道。那里有'唐氏综合征患者'（根据1991年的采访），其中许多人卧床不起。在东德时代，他们受到了难以言喻的恶劣对待。20世纪60年代还没有这方面的护理经验。我的脑子里现在仍然还有这样的图景——其中一些人不得不一直被绑在长椅上坐着。我们这里，有一个成年病人在工作。当家里有人过生日的时候，他们喜欢来拿蛋糕吃。我们与他们保持着良好的关系。这些都是童年深刻的记忆。"对许多同学来说，探访瓦尔德霍夫是不正常的。有的同学尽量避免到那里去看默克尔。他们害怕这些偏离常态的人，他们突然大喊大叫，根本不理不睬，或者突然和人亲密起来，这些人动作不一，突然拥抱陌生人或躲避陌生人。这些人超出了行为常规，总是善于制造惊喜。

她特别记得其中一位居民。他经常给卡斯纳一家送炭，在花园里帮忙，拔除杂草，他总是微笑着。他有轻微的精神障碍，但这并不妨碍他的快乐。他有时也会陷入困境：他想成为一名士兵，一名中尉，没有人知道他的这个愿望从何而来。他喜欢军事操练，能说得出从上到下的军衔职级名称，有时他行进到火车站，希望指挥火车从那里开走，并发出尖锐的信号声：一切都听从我的命令！在瓦尔德霍夫，没有人对此感到困扰，每个人都知道他的故事，但在城市里，当人们对他还不是那么熟悉时，就会嘲笑他。然后默克尔就把他保护起来，站在他面前护住他。

他喜欢戴着海因里希亲王的帽子，就像赫尔穆特·施密特曾经做过的那样；这并没有让他成为一名军官，不过这与他的梦想和荣耀很吻合。当默克尔成为总理时，一家报纸设法采访了他有关默克尔的话题。这是他唯一一次接受采访。他只有一句话被引用了："当我因为被别人嘲笑而哭泣的时候，她安慰了我。而不管是谁想要攻击我，她都会把他们赶走。"在海因里希亲王的帽子下，总是有一张孩子般的脸，即使到了老年，这张脸依然年轻。这位"中尉"至今还在指挥他的军队。

瓦尔特堡一代

在当时的东德，是没有旅行自由的。65岁以下的东德公民——除了少数例外——是禁止到非社会主义国家旅行的。默克尔想象中的第一次西方之行是去美国。一个墙中人的梦想。一望无际的高速公路与现存的围墙截然不同。这条公路是一条充满不确定性的大路，这条路既不在地平线上结束，也不在边境地带终结。高速公路是一条从这里离开又走向自己的路。她曾向记者透露，她希望驾车穿越美国。是坐在一辆美国的公路巡洋舰上吗？记者追问。不，默克尔回答道，是小型汽车。不过这应该是比卫星轿车（Trabant）更好的东西。

在她的童年里，她已经找到了比卫星轿车更好的东西。她的父亲是自豪的瓦尔特堡汽车拥有者，这可是民主德国中上层阶级的车子。不是每个人都能负担得起，也不是每个人都想等上15年——那是官方公布的等待期——就可以拥有的。瓦尔特堡旅行车里有充足的空间，也可以在紧急情况下使用。其中一个紧急情况是，当时大雨滂沱，瓦尔德霍夫的孩子们还得去上学。然后——也只有在那时，除非雨非常大，或者有人严重睡过头——驾驶服务人员霍斯特·卡斯纳介入了。不用多说，歌德学校的小学生们都被装进了旅行车，享用这辆快捷出租车。由于默克尔和弟弟马库斯并不是瓦尔德霍夫唯一的小学生，因此有的时候，宽敞的车子里会挤满乘客。父亲卡斯纳就会针对这一情况开玩笑道，"如果警察来的话"，他暗暗地向孩子们预警，"我给你们一个信号，你们就赶紧躲到罩子底下去！"

在那些年里，民主德国的道路上行驶着很多梦想中的汽车，这些想象中的汽车是人们所向往和渴望的，但由于没有足够的生产能力而从未出现过。甚至默克尔也曾坐过这样一辆幽灵车，这是一辆被订购了但从未离开生产线的车子。因为在梦想中的卫星轿车能被送到民主德国居民默克尔手中之前，民主德国已经成为历史。柏林墙倒塌后，这名年轻的政治家成为一辆白色大众高尔夫的自豪车主，这是她1990年9月买的二手车。在阳光明媚的周末，她开着这辆车沿着乌克马克的林荫道，若有所思地把一盒装有交响乐（例如马勒）的音乐磁带塞进车载录音机，把波恩日常政治生活的凶险抛在脑后。当她在古老的鹅卵石路上颠簸，最美妙的事就是成功遗忘波恩。

任何事情都有头：1996年，默克尔和她的高尔夫车分道扬镳。2012年春天，这辆年迈的汽车在易贝（Ebay）上以101 650.2欧元的价格被拍卖出去。另外，那辆瓦尔特堡车的历史则要长得多。1991年4月10日，最后一辆瓦尔特堡汽车在爱森纳赫（Eisenach）下线了。它被漆成了鲜红色，工人们给它挂上了表示哀悼的黑纱。许多员工眼含泪水，他们的未来是不确定的：是留在爱森纳赫还是迁往其他地方。

犯 罪 现 场

我来自童话世界，嗖嗖剪刀。

我为所有的孩子所熟知，并且走得很远很远。

我知道最美丽的童话故事，所有的孩子都很期待。

嗖嗖剪刀，期盼针眼师傅。

　　东德的每个孩子都晓得这些歌词及其演唱者。针眼师傅是一位既会唱歌又会讲故事的裁缝师傅。他在儿童电视节目里讲童话故事，而他自己也是由童话故事编织而成的。《格林童话》里"勇敢的小裁缝"就有他的影子，霍夫曼的《沙人》（Sandmann）也在他身上有所体现。而他的尖尖白胡子是与小沙人还有乌布利希[1]（Walter Ulbricht）共同拥有的。演员埃克哈特·弗里德里希森（Eckhart Friedrichson）赋予这个角色年轻的光环，当他弹奏他

1　瓦尔特·乌布利希，德国统一社会党主席（1971—1973）、德意志民主共和国国务委员会主席（1960—1973）。——译者注

的施耐德·艾尔吉他时，孩子们都很喜欢。直截了当地说，民主德国的公民认为，他们的电视和政府在童话故事方面有很强的能力，但在涉及现实描绘时，他们会以西方的电视节目作为努力方向，除非像德累斯顿地区的人那样，生活在"无感之谷"[1]，那里的人很难接收西方的节目。

瓦尔德霍夫的第一台电视机是为智障和肢体残疾的居民而设置的，就在公共用房里。瓦尔德霍夫的孩子们有时也会坐在这里，观看针眼师傅、小沙人等冒险故事，或者集体观看国际和平之旅、东方的环法自行车赛。卡斯纳一家也是电视机的早期拥有者之一。必备节目肯定是"每日新闻"（Tagesschau），"犯罪现场"（Tatort）也很快成为大家的最爱。在历史性的分裂时期，"犯罪现场"是一个全德国的电视剧，正是它为东德人提供了一种对所谓真实的西德日常生活的观察。1973年至1978年在莱比锡学习期间，默克尔没有电视机，所以她直到去柏林读博士时才能再次定期沉浸在"犯罪现场"侦探剧中。克劳斯·多尔丁格（Klaus Doldinger）抢眼的主题音乐和瞄准星十字线的标志深深切入她的想象力世界，并让既远又近的联邦德国笼罩在一片疑云之中，使人感觉犯罪行为就真真实实地发生在那边的同时代人身上，暗自潜伏，狡猾无比。

1986年，当这名年轻的东德公民获许人生第一次前往联邦德国探望在汉堡的亲戚时，这种想象的力量就体现出来了。她的一个表姐要结婚了，在这种情况下，民主德国是允许具有严格限制

---

1 这是对民主德国的一种尖刻挖苦的说法，指的是那些难以接收到西方电视和电台节目的地区。——译者注

条件的亲属探访的。家庭庆祝活动结束后，她去康斯坦茨拜访另一位物理学家。她很开心，很兴奋，因为她坐上了干净舒适的城际列车（IC），这是多么惬意的火车旅程。不过当看到有年轻人旁若无人地穿鞋踩在座位上时，她大为光火。她什么也没说，吞下了怒火。在康斯坦茨，她在酒店里独自度过了第一个夜晚。在汉堡，她和亲戚在一起，感到安全；现在她独自一人在这里，突然感到不适。这家酒店就像犯罪影片里的典型地点；"犯罪现场"电视剧中的有些受害者就是死在这样阴暗的酒店房间里，躺在皱巴巴的床上，眼睛睁得大大的。于是，这名东德女子抱着怀疑的态度询问前台，在没有其他人陪同的情况下，一名孤身旅行的女性在酒店过夜是否安全。她得到了类似同情的微笑。当她把身后的房门拉上时，她还是很庆幸自己处于安全状态。她缺乏西方的现实经历，而这种经历可以支持她与犯罪影像做斗争。

即使到了今天，"犯罪现场"仍然是默克尔生活中常看的电视节目。如果时间允许，默克尔在周日晚上都会和瞄准星十字线相约。不过——这就是区别——今天，"犯罪现场"模式的谋杀和犯罪对于了解当下世界的女总理而言，更多的是甘菊茶[1]的功效。

---

1 甘菊茶是德国人的常用饮品，具有释放压力、帮助睡眠等功效。——译者注

酒 吧 女 郎

轶事总是被低估了。在公众传媒持续引发关注的战场上，善于讲故事的啄木鸟往往胜过脚注丰富的学问研究。在2013年不断升温的联邦议院选举活动中，一本书出版了，它意在把女总理描绘成东德冰冷的复仇天使，就是这名来自东德的女子正在毁掉联邦共和国。因为这名女子在内心深处是一个共产主义者，她从来没有想过要统一，她以一种前所未有的冷酷无情将伟大的实现统一大业的总理赫尔穆特·科尔从纪念碑基座上推下来。尽管这本书吸引了很多人的注意，但它想点燃丑闻的目的并没有达到。这不仅是因为这本书的无中生有对大多数评论家来说是再显眼不过了，而且还因为女总理用一则轶事予以反击，她曝出了一桩实际发生的丑闻：她在莱比锡的学费是通过当酒吧女郎等工作来赚取的。

在2013年的竞选活动中，默克尔更多地展示了自己作为一个置身于政治之外的人，她也谈到了自己在东德的生活。她访问了柏林的海因里希·施里曼文理中学，并在那里作为历史课的代课教师上了一个小时的课；一些学生对女总理的坦率感到惊讶。她同意在马克西姆·高尔基剧院首次接受女性杂志《布里吉特》(*Brigitte*)的采访，并在德国电影学院的系列活动中介绍她最喜欢的电影。在这里，她还谈到了自己1973年至1978年在莱比锡卡尔·马克思大学的学生时代。她变得很有个性，毫不费力地脱掉了政治人物的外衣，公众完全被她迷住了，他们仿佛刚刚意识到这位女士根本不是媒体或历史的发明创造物，而是血肉之躯。现在要坦白的是：我曾是一名酒吧女郎！整个大厅里的人都咯咯地笑了起来，笑着笑着直接就服了。酒吧女郎解释了一下她的工作。当时大学里有一个迪斯科舞厅，每周开放两次，就在物理楼里。臭名远扬的60/40规则在那里适用，百分之六十的音乐必须来自东方，只允许百分之四十是西方音乐。这项规定自1958年起生效，旨在保护民主德国的青年免受腐朽颓废的西方思想影响。然而，监控者的计划常常落空，酒吧里的人只播放东边的曲目的开头，而西方的曲目则是从头到尾完整地播放出来。不，不，她并不负责音乐，而是负责酒吧。酒吧女郎。笑声。然后她讲述了她如何在白天乘坐电车去买樱桃苹果酒，然后在晚上与伏特加混合，这在20世纪70年代的民主德国可是一种时尚的饮料。她通过有成本意识的混合比例和倒酒时娴熟地倾斜酒杯，成功地赚取了丰厚的利润。观众很高兴地发现一位德国女总理曾经做过樱桃伏特加酒的调酒师，这似乎是一个启示。

作为青年部长，默克尔发现，公众对这类故事心存感激。在接受《明镜周刊》采访时，她曾说过，她在高中毕业典礼上喝醉后从划艇上掉落。"我喝了太多的樱桃威士忌，然后我突然就头脑短路了。就在那一瞬间，我忘记了，如果我旁边的人站起来，我就会掉进水里。"

在2013年的选举活动中，酒吧女郎的攻势也是对以下事实作出反应：联邦德国，至少是其中一部分精英和某些阶层，他们并不想给予东德人1989年之前的生活。东德人应当已受到损害，总是需要承认，他们认为东德不仅是一个非常非常邪恶的国家，而且在这个国家中生活不可避免地受到意识形态的毒害，这就是为什么西德人仍然要在统一后的德国里驱除东德人的邪气，以使西德人自己不受此污染。这种回顾性的驱魔深刻地体现在许多东、西德人的争论之中，直到今天，许多人对默克尔的怨恨和有时疯狂的猜疑仍然存在，因为她是一个成功的东德人。

然而，这名当初的酒吧女郎知道如何进行反击。

莱比锡大学于2008年授予默克尔第二个荣誉博士学位。在5月的这一天，物理和地球科学学院院长蒂尔曼·布茨（Tilman Butz）向这名以前的学生发表了赞扬之词。他说，这是物理学家与政治人物的完美结合，也是科学工作方式的重要构成，"这包含了对初始状态和边际条件的仔细研究，对结构、关系、非线性的了解，对随机因素——俗称散乱的火的影响的了解，对各种解决方案的把握或预测，分析性思维、平和的心态和冷静的态度，以及对目标的执着追求"。也可以说，这些素质条件也适用于酒吧女郎。她必须知道谁会来，有多少客人在酒吧里，她需要多少伏特加来营造良好的气氛，她必须避免个别人的酗酒行为，但又要使大伙保持愉悦，她必须在这里和那里撒下火种，又不能让火势蔓延。然而，最重要的是，她必须在第二天清晨早起，清扫碎屑，处理空瓶，并在上课时表现出兴奋。

联盟党以41.5%的选票赢得了2013年的联邦议院选举，这是总理、物理学家兼酒吧女郎所取得的最好成绩。

烤　　鹅

在圣诞节期间，将鹅肉放进德式的盘中，并与饺子和紫甘蓝一起食用，这是一个很好的习俗。基民盟/基社盟议会党团也不例外，几十年来一直通过咀嚼鹅肉表达对生活世界的信仰告白。默克尔于1991年第一次成为议会成员。但在宴会之前，职责在等待，在用餐之前，海纳·盖斯勒在等待。海纳·盖斯勒是一匹身经百战的老马，大家当时都这么叫他。多年来，海纳·盖斯勒忠实于赫尔穆特·科尔，是他尖酸刻薄的秘书长，是他的思想供给者和传媒辞令先锋指挥官，一个洞悉所有陷阱和花招的媒体专家。于是，盖斯勒在默克尔前往烤鹅的路上截住了她，并对这个不了解套路的人进行了小小的辅导。他说，当你与科尔总理发生冲突时，有时会变得很吵，因此，如果这种冲突是在电话中进行时，建议将听筒放在尽可能远的地方，因为总理的音量相当大，令人畏惧。他还建议：如果你可以，如果你想实现什么，如果你需要有效的影响力，最好首选电视节目途径而非广场集会或市政厅演说，无论后者规模有多大，因为通过电视你能接触到更多的观众。最后一点：当你被记者挤兑的时候，当他们用各种问题来责难你的时候，你千万不要作正面回答，一定要记住你想说的话，不要说对方想听的话。你来决定这个回答，切记。现在，祝你胃口好！

土耳其烤肉

　　科尔总理坐着。公园就在窗外。这是春季的例行活动。1992年的波恩。总理就职，他比以往任何时候都强大，这是他在黑色皮椅上就座的第十个年头。一排烟斗搁在支架上，僧侣和大象饰品在架子上向他打招呼。鱼缸像一只绿色的眼睛看着这名年轻的议员。这名在北莱茵-威斯特法伦州拥有选区的年轻女性被电话从赫尔穆特·科尔的前厅叫了过来。她被叫到总理办公室。架子上的僧侣正惬意地挺着大肚子。女议员等候着。总理说道："你将成为默克尔女士的国务秘书！"烟斗在休息，僧侣在大笑，鱼缸在发呆。"可是我一点都不了解默克尔女士"，她提出异议。"你会和她相处好的！"她被允许离开了。这是已经决定的事。

　　妇女和青年部部长默克尔对被派来的国务秘书表示友好的欢迎。她没有让这个新来的女孩觉得这是别人为她俩作的决定。这个决定不可触碰，有着高高的围墙，有贴身保镖，有权势，有政党，还有历史的外衣。

　　几个月过去了。部长和她的国务秘书出去吃饭。这家意大利餐厅在镇上很有名。折叠精致的餐巾纸列队迎接，酒杯一尘不染，桌布雪白无瑕。菜肴可口，葡萄酒精致，服务员用心。随后，女性之间进行了热烈的交谈，她们的脸颊呈现出一种非政治性的色彩，惬意让波恩的警觉烟消云散。在甜点吃完之后，女部长直接盯着她的同事，突然一字一顿地问道："告诉我，这里的一切都很美味，可是你吃过土耳其烤肉吗？"

同 学 聚 会

　　"非常感谢！我们仍然有很多东西要向新联邦州及其居民学习。女士们，先生们，这就是'同学聚会'，也许比平时要严肃一些，但这个话题是值得的。"1992年春天，节目主持人维姆·特尔克（Wim Thoelke）用这句话告别了"同学聚会"节目的嘉宾和观众。这个节目的形式是让名人和以前的同学见面，愉快地交流老同学的故事。那些以这种方式团聚的人像以前一样坐在学校的课桌前，而主持人则像老师一样站在黑板前，当他们的谈话可能中断时激发他们的回忆。整个节目的设置让人联想到非常成功的电影系列片"第一排课桌的男孩"（Die Lümmel von der ersten Bank），旨在通过趣闻轶事进行翻找欢快而又无拘无束的过往。这位明星，一直都是一位使者，而且首先是一个人。弗朗茨·贝肯鲍尔（Franz Beckenbauer）、汉斯-迪特里希·根舍（Hans-Dietrich Genscher）、英格丽特·施泰格（Ingrid Steeger）、诺伯特·布吕姆（Norbert Blüm）、托马斯·戈特沙尔克（Thomas Gottschalk）、奥斯卡·拉方丹（Oskar Lafontaine）甚至海诺

（Heino）都出现了，当老同学相互对视并拥抱在一起，或者一位年事已高的老师像传说中的化石一样从舞台布景中现身，散发出一点点"火钳酒"[1]的气息时，整场活动达到了高潮。

不过，这一次一切都完全不同了：在民主德国度过整个学生时代并顺利毕业的同学第一次作为嘉宾参加节目。那是滕普林的赫尔曼·马特恩扩展高中十二年级学生。明星嘉宾是当时班上的佼佼者（高中毕业考试平均成绩为1.0），联邦妇女和青年部部长默克尔博士。她是拖着左腿走进教室的，因为几个月前她在柏林一段结冰的步道上摔断了腿。她在前排坐了下来，腿长长地伸着。维姆·特尔克首先打算问清楚称呼方式："您愿意被称作部长先生还是部长女士？"被称呼者略带嘲弄但也很认真地回答："我更喜欢被称为默克尔女士！"

从三十年后的今天来看，在统一后的三十年里，这一电视亮相是一次具有启示意义的证明，因为它可以用来研究为什么内部统一仍然没有成功，东、西德之间的深刻裂痕仍然存在。如果从征象上解读维姆·特尔克的体态表现，我们可能从中发现来自那边的人，即新联邦州公民有集体失聪和感觉缺失的症状。从话语的最真实的意义上来看，特尔克表现得很疲惫；这个患有心脏病的人在三年后去世了。他所表现出来的疲态也伴随着一种困惑无助的光环，因为这次同学聚会避开了通常的怀旧用语。这个同学聚会持续的时间越长，就越清楚地表明特尔克是学生，而那些所谓的学生才是他的老师。他甚至为自己对所生活世界的概念的无

---

[1] 这是一种圣诞节饮品，做法是在盛有热红酒的烧锅上覆盖一张铁丝网，网上放置宝塔形糖块，并用朗姆酒浇透，点燃糖块，火焰会慢慢融化糖块，糖汁透过铁丝网滴入下面容器的烧酒中。——译者注

知而道歉，他那些试图激发活力的问题变得越来越胆怯。他面前有一个班级，这些人实际上是被生活逼回教室的，他们在柏林墙倒塌时已经35岁了，作为中年人的他们却要重新证明自己，获得资格，继续深造，甚至完全重新开始。在这个节目中，有很多关于创造工作岗位措施、企业停产、失业、再培训、偿付问题、重新开始、意识形态上层建筑和适应性的讨论。这就像"兽医工程师"已经成为一种消失了的职业，因其不被德意志联邦共和国所承认。而在同学们中间坐着这样一位女部长，她因为职权关系理应关心和改善他们的生活条件，同时不得不承认这有多么困难，当面对一些任务时她是多么无能为力。

这档节目绝不是这位著名政治家的卫星发射台；更多地是她的同学们挺身而出，像默克尔一样——叙述那些新的人生道路和人生转折故事。尽管如此，那些人对默克尔的评价绝不是不利的，而且所说的内容也是真实的。那名绰号为"卡西"的拔尖女学生默克尔乐于分享她的知识，其中一个人感叹道，所有人都去抄她作业。在公民知识课上，本应教给学生"坚定的阶级意识"，并使他们服务于"工农国家"，但牧师的女儿表明她有自己的想法。她热衷于讨论，能够与老师们据理力争，不害怕意见冲突。一位同学说，当默克尔开始参与讨论时，我们的内心就可以安静下来，而且知道，我们不会那么快进入火力范围，这需要一段时间。

每一次同学聚会——即使是在电视上演播的——都会把时间混在一起，截然不同的各色人等都会聚集到一起。她从女孩到高中毕业生，再到大学生，后来又是科学家，最后成为政坛人物。在默克尔的脸上和行为中可以发现来自所有这些生活阶段的轨迹元素。然而，最重要的是，她试图保持对自己、对同学和对成长进步的忠实。她想而且必须成为"卡西",同时她捍卫她在东德的生活,又不确认东德国家的合法性;她扮演部长(没有任何部长光环)和政治家,但不允许自己被定义为东德人。对于她和整个班级来说,转变才刚刚开始。德国电视二台(ZDF)的班级聚会节目通常展示的是成功人士和人生赢家,他们幸福地回顾过去,看着这个班级带着希望和担忧向前。而对这个班级来说,几乎所有的事情都还没有完成,尽管他们已经过了半辈子,学会了工作,结了婚,生了孩子,建起了房子。所有的东西和每个人都在开始状态。只有特尔克可以处于疲倦状态。他最辉煌的日子已经过去了;他表现得像一个和蔼可亲但缺乏领悟的西德叔叔,他发现很难在他的旧教室里容纳这些新的德国公民。

令人亲近的电视背景以其欢快的复古时尚方式体现出转折时代的生活谎言,一种不愿意改变的旧波恩共和国:来自东德的新公民应该活在所有那些西方认为它为自己租赁来的美德中:愿意改变职业,具有流动性、灵活性,勇于冒险,乐于培训,具有适应能力。当东德人应该彻底告别昨天时,西德人却想彻底欢迎昨天——毕竟,这是一个成功的故事。德国的统一被理解为西德生活和国家模式背后的一个重重的惊叹号。

全班同学乘飞机返回。他们乘坐的是从慕尼黑到柏林的航班,默克尔也在其中。她和她的保镖坐在前面,后面坐着的是扩展高中的学生,联邦共和国的新公民,他们——像他们的"卡西"一样——必须重新开始,才能受到欢迎,从而进入西德的昨天。

眼　泪

　　这名年轻的部长在波恩有时会流泪，出于愤怒、疲惫和苦闷，但这从来不是投降的眼泪，从来不是我伸出枪的眼泪。默克尔熟稔布莱希特的诗《感悟》(*Wahrnehmung*)，诗中这样说：山的辛劳在我们身后，我们面前是平原的辛劳。妇女和青年部的长廊是一片似乎望不到尽头的平原，部长办公室就是尽头。当她走过这条走廊、经过许多办公室时，目光总是迅速地、具有目的性地扫视四周。这一天，她从总理府回来后走进办公室，眼睛里闪烁着湿润的光芒，这一点并没有人注意到。一名女官员问上司，为什么部长哭了。那上司耸了耸肩说，那个老人肯定又把她训了一顿。为什么？女官员问道。她比默克尔稍稍年轻，对默克尔表示了同情。上司压低了声音。老人可能认为部长的嘴角太朝下了。一个具有如此拒人于千里之外特征的青年部长，完全是一个错误的配位。

　　在总理任命默克尔为部长之前，第一次把这名来自东德的年轻女子叫到总理府时，他只是随口问她能否与女性相处融洽。她毫不犹豫地作出肯定的回答。她与母亲和妹妹的关系很好，没有问题，和以往一样。她完全没有提到内阁部委，当然也没有提到年轻人和青年本身。

针对科尔总理的指责，认为她担任青年部部长是错误配位，这名女部长竭力反驳。那么总理是否吸引了年轻选民呢？在所有年轻人的生活境况下，这样一个具有毛绒玩具和毕德麦耶风格的巨人形象不是一个不受欢迎的人吗？默克尔没有放弃，她一头扎进纷乱之中，坚毅如铁地微笑着，自顾自地用面相学的冰河时代来迎接最愚蠢的挑衅。

然而，有时会形成反对她的不正当联盟。赫尔穆特·科尔和"死裤子乐队"[1]（Die Toten Hosen）歌手有什么共同点？1994年，坎皮诺（Campino）出现在该部。这场争论在《明镜周刊》上演。这名朋克歌手是为了显示自己是反叛者和政治讨厌鬼，而女部长则想证明自己是无畏的青年研究者。这个比女部长年轻八岁的朋克歌手像啤酒瓶一样扔出了若干问题：你曾经年轻过吗？你曾经去参加过流行音乐会吗？基民盟和青年，这是不是一对矛盾体？你能想象年轻人讨厌您什么吗？不是讨厌您这个人，而是讨厌您是青年部部长？您想过吗？

女部长努力坚守阵地，同时也表现出幽默。她思维敏捷。朋克歌手并没有松口：

> "你有没有真正喝醉过？我的意思是你年轻的时候有没有真的喝醉过一次？"
>
> "有啊。"

1　来自德国杜塞尔多夫的著名五人朋克摇滚乐队组合，主唱是坎皮诺。——译者注

"您能说说吗？"

"说什么？您从来没有喝醉过吗？"

"我想说这个问题很愚蠢。我把它还给您。"

"我曾经从船上掉下来。那是在凌晨四点，高中毕业庆祝活动之后。当时我18岁。我喝了太多的樱桃威士忌，然后我突然出现了失误。就是那么一瞬间，我忘记了如果我旁边的人站起来，我就会掉进水里。"

德梅齐埃（Lothar de Maizière）曾在谈到他在波恩的日子时说，他一生中从未感到如此寒冷。他把所有想穿的能穿的衣服都穿上，但还是感到全身冰冷、打寒战、内心颤抖不已。默克尔并没有冻住，顶多是哭了，热泪盈眶。她毫不畏惧地在迪斯科舞厅、青年俱乐部和脱口秀中证明自己适合担任青年部部长。吸毒和滥用药物是那些年的大问题，也属于她的权责范围。她必须代表国家和她所属的政党，但她也不能像远离生活的政治僵尸。脱口秀节目和令人眼花缭乱的嘉宾是寻找这种平衡的终极挑战。

尼娜·哈根（Nina Hagen）是一只多姿多彩的蝴蝶。她比默克尔小一岁，也在东部长大，但她们1992年坐在埃里希·博梅（Erich Böhme）的"塔楼脱口秀"（Talk im Turm）节目中时，你可能会误以为她们的生活方式有所不同。当尼娜·哈根带着花哨的妆容，戏剧性地向台下飞吻时，默克尔则戴着珍珠项链，看起来灰头土脸，试着露出表示赞同的微笑。但这位歌手拒绝与默克尔保持一致，即使她同意部长的意见。同样对她来说，就像对坎皮诺一样，女政治家本身就是一种过敏物质，人们必须通过谈话与之保持距离——无论是否自相矛盾。她尖声说道：

"您说，当您小酌一杯，并不会醉酒。这恐怕不对！"

"我不是为了醉酒才喝酒的！"

"那您为什么喝酒？"

"因为味道很好。"

"您为什么喝酒？怕损害您的肝脏？那么您应该喝不含酒精的啤酒！"

"它实在不好喝！"

默克尔微笑着面向台下观众。

如今，在美容整形外科医生的在线网页上，人们可以找到如下文字："我们把从嘴角向下延伸到下颌的深沟称为默克尔嘴角纹（Merkelfalten）。其中最主要的形式是，这些皱纹与鼻唇沟会合——就像它们的取名人默克尔那样。这些皱纹的起因是自然老化过程。几十年来，上唇压在下唇上。随着时间的推移，皮肤失去弹性，在重力的持续作用下，皱纹逐渐形成。"建议注射玻尿酸（Hyaluronsäure），使皮肤重新恢复生机，看起来可爱。默克尔爱笑，她可以发出爆笑声，她可以咯咯地笑个不停，还可以哼哼唧唧地尖叫。她还没有忘记如何自嘲。在2010年柏林的一个仪式上，她说："说实话，我很惊讶居然会有这样一种印象产生，即新教徒、快乐和欢畅不会结合在一起。无论如何，作为一个新教牧师的女儿，我从来没有想过这个问题，即使人们偶尔会看到我嘴角微微下拉的照片，可能会误认为我毫无喜乐。我认为这更像是一种遗传，可以追溯到几百年前，我确信如此。"

观众对她的这段话以笑声致以谢意。

鹰

　　那些粗野家伙住的地方，她也想去。然后她披上狼皮，进入
战斗状态。这是肌肉运动的年代。当这位反对派女首领在联邦议
院发言时，总理和他的外交部部长有时会龇牙咧嘴，在政府的长
椅上放平身子，嗤之以鼻。而这个女人不能这样做。基民盟/基
社盟的许多人也这样认为。默克尔是个轻量级政治人物，在2003
年，还没有被埃德蒙（Edmund）、罗兰（Roland）、弗里德里希
（Friedrich）或霍斯特（Horst）性别化。每个人都能听到，这个
女人想成为总理。在每一次演讲中，她都会向那些野人抨击那些
破事。当她对格哈德和约施卡进行口头抨击时，埃德蒙和弗里德
里希都会尽职尽责地欢呼，但暗地里他们知道她也在抨击他们。
当默克尔谈到德国的未来时，她指的是她自己；当她谈到新的开
始时，她指的是她自己；当她谈到板结和停滞时，她指的不仅是
红绿两党，还有霍斯特、罗兰、埃德蒙、弗里德里希和男人的共
和国。默克尔谈到了新的社会市场经济，她谈到了联邦共和国的
第二个繁荣时期，她龇牙咧嘴，挥舞着双手，她谈到了阿登纳和

艾哈德，不过她指的是她自己，一切都在开始，默克尔的一切。

另一方面，鹰从神话来说是个存在问题的大家伙。它难道不是一种与男性相关联的纹章动物，一个身披羽毛的大男子主义者？它不是自鸣得意地高挂在联邦议院里吗？在20世纪60年代，它不是已经被嘲讽为一只肥鸡吗？而每个政治漫画家都会在某些时候把联邦鹰作为嘲弄的目标。然而，对于粗野的家伙来说，鹰仍然是力量的代表，是高飞的象征，在工业界更是如此。如果你想赢得未来并成为总理，你就必须去那些粗野的家伙居住的地方：德国工业联合会（BDI）位于柏林米特区（Berlin-Mitte）布赖特大街（Breite Straße）29号。2003年的一次改革性大会，其主题是"为了一个有吸引力的德国，敢于自由——打破桎梏！"，旨在为陷入困境的经济和劳动力市场带来转机。

2003年，德国工业联合会的主席是迈克尔，到了2021年，则是齐格弗里德。到目前为止，德国工业联合会从未由女性领导过。听众中就座的绝大多数是男人，是自信"一定会发生什么，将会发生什么"的男性领导。他们的动力、他们的改革热情从钢蓝色的西装中发出叹息和呻吟。就在这前一天，埃德蒙赢得了巴伐利亚的州议会选举后凯旋，他是所有人中实力最强的家伙。

反对派领导人来了。迈克尔走到麦克风前说："我们要解放德国这只雄鹰，目前它是一只被围困的、戴着镣铐的生物，释放它，让它能够再次飞翔。"我们得做点事情，一定可以做点事情的。三只鹰正等待投入部署，这就是迈克尔想出的展现方案，包括猎鹰在内的三只鹰已经预订下来，这三只鹰应代表国家、经济和工业的起飞。在前一天，他们就积极排练，不允许有任何差错。三只老鹰一次又一次地穿过德国经济大厦宽阔的大厅，从三楼俯冲下来，飞到演讲台上，然后演讲者要在那里提供他们的有皮套保护的手臂作为着陆点。三位骄傲的羽毛陛下代表了三位渴望变革的改革者：德国工业联合会的迈克尔·罗戈斯基（Michael Rogowski）、欧盟议会主席帕特·考克斯（Pat Cox）和默克尔。然而，反对派女领袖事先已经拒绝了老鹰的壮举；她认为这简直太愚蠢了。一名年轻女子坐在摩拳擦掌且干劲十足的经理们中间，听着大家的评论：默克尔女士不应如此大惊小怪，勇气应有其他用处，这无助于其当选总理！雄鹰解放论首领迈克尔·罗戈斯基也认为，默克尔似乎有点害怕了。现在时机已到，现在雄鹰要起飞了……振翅飞翔……它无视演讲台，在对自由渴求的激励下，翱翔到中庭的玻璃天花板上，无边无际的蓝天在向它招手，要完全松绑了。然而，这只大鸟撞上了玻璃，撞进了天花板的铁丝网里，仍旧挂在那里，现在看起来就像一只失去方向的巨大蝙蝠。

反对派女首领是不是微笑了，史无记载。

"她终究拿到了老鹰"，迈克尔·罗戈斯基在十八年后如是说。"什么?"——"好吧，联邦鹰，她带走了鹰，而不是反过来的!"很多方面都说明了这一点。默克尔不仅成了联邦总理，而且在2007年还接收了柏林自然历史博物馆的一件展览品：一只白尾海雕（Haliaeetus albicilla）。这只鸟威严而骄傲地站在一个玻璃柜里，处于相当边缘化的位置，完全没有了活力。

在土耳其烤肉摊上

凯末尔·阿塔图尔克的头像高悬在每个人的头顶。早先，这家小吃店叫做"政府区土耳其烤肉店"（Döner Kebap am Regierungsviertel），后来改称"心念咖啡店"（Café Motiv），现在叫"特拉斯烤肉店"（Teras Döner）。默克尔总是光顾这里，无论小店叫什么名字，她都会来。90年代初当她还是一名年轻的部长时，默克尔搬到了威廉大街，搬进一栋板材结构的建筑里。在街对面的拐角处，就是她至今忠实光顾的小吃店。现代土耳其的国家缔造者凯末尔头像看上去很威严。在他下面挂着赫尔穆特·科尔（Helmut Kohl）、瘦得吓人的彼得·阿尔特迈尔（Peter Altmaier）、尤利娅·克洛克纳（Julia Klöckner）、弗朗茨·明特费林（Franz Münterfering）、汉斯·艾歇尔（Hans Eichel）和总理本人的头像。在装裱好的照片中，默克尔站在小店老板旁边，老板穿着浅绿色的围裙，而她则穿着青苔色的外套，这就是德国和土耳其的友谊。老板深谙宣传之道，可默克尔却总是毫不张扬。一名贴身保镖留在门外，默克尔站在队伍中耐心地等待。她总是点不带洋葱和酱汁的烤肉。有人说，她是一个不惧怕老百姓的女人。老板自己心里嘀咕着，那是什么样的统治者才会害怕他们的人民呢？他们要把一切都隔离开来吗？他们住在巨大的宫殿里吗？他们殴打示威者吗？他说，凯末尔也是走向百姓的，就像默克尔总理一样。这个女人不畏惧接触。老板说，她是一个非常平凡的女人，但又是一个非常坚强的女人。土耳其之父凯末尔也依靠坚强的女性。有这样一张照片在世界各地流传：默克尔站在烤肉摊前，拿着一把烤肉刀，在演示如何正确地切肉。有时它被（乌克兰）敖德萨的一家小吃店拿来作宣传，然后又出现在瑞典的克里斯蒂安斯塔德市一家烤肉店前，同时打出"烤肉让你更美"的口号，或者挂在莱比锡的一家土耳其烤肉店里。这张照片是在基民盟中小企业夏季聚会上拍摄的，当时那里还搭建起了一个烤肉小吃摊。许多土耳其裔德国人都认为这张照片代表了一种欢迎的姿态。老板说，她与博斯普鲁斯海峡边上的那位先生是完全不同的。你认为他会像默克尔女士一样去购物吗？老板指着街对面，默克尔常去的超市就在咫尺之遥。老板继续说，我经常在那里见到她，她只带两名保镖，自己挑选所有物品，她不想成为帕夏，她不想让人为她服务。老板说，实在抱歉，大批游客涌进店里来了，得干活去了。

蒙雪利巧克力——谁又可以说不呢？

　　小东西有时能凝聚起大世界。糖果是大使和外交官，它们从一个国家到另一个国家，从女人到男人，从这一代到那一代。甜食也有助于消除两德的分裂。在西德寄给东德亲属的大多数包裹中，都少不了糖果。特别受欢迎的是那些散发着贵族气息的产品，它们的做派仿佛不仅包含了联邦德国这半个国家，而且还包含了整个自由的西方世界，意大利、法国或英国的气息。它们与费列罗巧克力、蒙雪利巧克力[1]和薄荷巧克力一起穿越欧洲，带去自由世界的气息。即使在默克尔的家里，来自汉堡亲戚的包裹也几乎以虔诚膜拜的方式打开。蒙雪利的糖果包装纸太漂亮了，简直舍不得扔掉。

　　即使贵为德国总理，她有时也会被这样一个事实吓一跳：在最小的事里，也潜藏着大政治。当东欧的政治家们越来越多地向她抱怨，某些食品在他们国家的味道与西欧生产国的完全不同

1　一种酒心樱桃巧克力。——译者注

时，也给她敲响了警钟。欧盟意识到了这个问题，因此通过了一项法令，规定在整个欧洲范围内提供的产品在成分上不得有明显的差异，否则就是标签欺诈。总理总是有很多心事。她心系皮埃蒙特的樱桃，她想念融化的巧克力的味道。根据欧盟的意向，含有利口酒的樱桃巧克力在各地的味道都应当是一样的，而业界则希望它在不同国家可以有不同的味道。当一位德国总理与蒙雪利的制造商代表交谈时，她找到什么出路呢？2019年，她第一次在品牌联合会的代表面前坦承，自己是一名粉丝："我必须很诚实地告诉您：当我第一次听说，比如樱桃巧克力在欧洲不同的地方含有不同的成分时，我也吓了一跳，我曾经说过：我在布拉迪斯拉发买的蒙雪利樱桃巧克力味道不可能是不同的。当然也可能是那里的消费习惯不同，例如布拉迪斯拉发的人对黑巧克力有不同的看法。但我完全不知道，我还没有品尝过全欧洲各地的蒙雪利樱桃巧克力。"在这次演讲中，纪要文字也记录下了热烈的欢呼。这位总理想要在全欧洲范围内品尝蒙雪利巧克力的想法看起来似乎有点问题，不过并非完全不可能。

土 豆 汤

2017年夏天，共和国发生了强烈震动。女总理透露了一个秘密。她透露了什么呢？秘密就是，她的土豆汤为什么会做得这么好。当人们在看全国上下的头条新闻时，有人可能会认为，多年来，这个国家一直在急切地等待着这一天。在接受一家以图片为主的杂志社采访时，默克尔说道："我总是自己用土豆捣泥器而不是用打泥机来捣碎土豆。这样一来，黏稠的土豆泥中还会有一些小碎块。"报界有所响动，现在是选战时刻。社民党的总理候选人马丁·舒尔茨（Martin Schulz）对于这个配方没有任何应对，他的政党正在放弃一切希望。

长期观察者也只能感叹土豆汤在媒体上掀起的波澜，默克尔的土豆汤仍然如此有效且具有多功能，尽管这位政治家从未对土豆汤有所隐瞒，情况却恰恰相反。早在2013年，在斯图加特的一次问答会上，她曾说："我真的不想在业余时间仅仅只是做做土豆汤。对此我非常强烈地发出请求。"由此，土豆汤在这个时间点上已经成为持续的焦点，也是媒体的万能武器：每当咄咄逼人的提问者想要了解女总理的私人生活时，她就会以土豆汤作为私人生活的缩影，这通常让采访者非常高兴，以至于他们完全忘记了提出后续的问题。事实证明，土豆汤能快速满足饥饿者对私密的渴望。对大多数德国人来说，一位女总理亲自煮汤的想法一定是一个具有轰动性的消息，也许还因为人们总是认为总理是具有男子气概的、具有神秘色彩的、干劲十足的，而土豆汤不符合这种形象情结。或者人们可以想象得出赫尔穆特·施密特和赫尔穆特·科尔系着围裙和手持土豆捣泥器的样子，然而，默克尔的政府发言人很快就在电话中了解到，总理很可能在听取世界局势通报时让锅盖跳动起来，而一个对土豆汤毫无宽容之心的政府发言人一开始就不会成为她的政府发言人。不过，这道汤也同样有严肃的一面。

《明镜周刊》杂志柏林分社的负责人在与同事讨论总理府里的吹风会时，也会唉声叹气："土豆汤，又是土豆汤。"当然，在这种情况下，默克尔会让人煮土豆汤，也许还没有一个记者体验过自制家常土豆汤。至少这位同事如是描述道，默克尔会对别人煮的土豆汤要求添加两小碟其他物料，大概是这样。然而，如果认为给记者的土豆汤是对他们某种微妙的报复或苦行主义的练习，那就错了，相反，土豆汤是一种极其接地气和美味的食物，也是默克尔的日常伴侣，她把土豆汤视为生存的保证和身份认同的加油站。

好吧，这里有某种解读的成分，但默克尔在2005年和2009年宣誓就任联邦总理后，她最亲近的圈子——包括她的母亲和父亲——都喝过土豆汤，这真的是一个巧合吗？土豆汤也是出身和故土的象征，没有出身就没有未来。因此，当默克尔在宣誓就职仪式上端出土豆汤时，这是将日常生活融入庆祝时刻，是对自己的出身的捍卫，是整个大历史中的一段小历史。没有什么能像权力这样发生变化，在这个国家里，没有哪一个办公室能像联邦总理府那样牵动人们的心。因此，土豆汤无非是一份重要的生命保障证明，也是一份纪念物：不要忘记你从哪里来，也不要忘记你是谁！

年轻的妇女和青年部部长默克尔上任伊始，公务车第一次开过来的时候，司机转身对她说："请注意，您是我现在开始接送的第八位部长，在接下来的两年里您会完全改变，您会感到惊讶，您会变得如此不同。"默克尔怔住了，是的，她顿时黯然失色，因为这一点，本性的完全改变和扭曲，是她最大的担忧。当然，默克尔读过布莱希特的科伊纳（K先生）的故事："一个人很久没有见到K先生，于是向他打招呼：'你一点都没变啊。''啊！'K先生脸色一变，回应道。"她当然想完全改变，她想拥抱变化，测试自己的极限，突破界限，但又不想对自己不忠，不想变形，不想成为叛徒。毕竟，在1989年和1990年疯狂的快速转型过程中，她看到了原本只是普通公民的人是如何被政治机关改造成浮躁的滑稽人物。他们忘乎所以，任由话语泡沫升腾而失去自我。这完全不是她想要的。在20世纪90年代初，默克尔仍然在公众面前表现得非常脆弱，她几乎不掩饰自己，也会谈论私人事务。例如，她为"权力的痕迹"这个项目接受了摄影师赫林德·克尔布尔（Herlinde Koelbl）异常坦率的采访。在1992年的一次谈话中，她谈到她几乎被时间、日程和政治节奏所吞没，以至于在家里，她与伴侣的关系也由于许多事情没有完成而出现隔阂。然后在某一时刻，她真的爆发了："不过有一天我终于又煮了土豆汤。

世界上没有人能够像我这样煮土豆汤。我已经放弃了找人做这件事的想法。遗憾的是，像这样的事情经常搁置在半途。"

这句话读起来几乎是一种滑稽的情绪高涨和渴望的表白：世界上最好的土豆汤仍然没有煮熟，因为女厨师再也找不到时间来准备了。因此，这道汤也代表着可望而不可即的昨天，那时默克尔还被母亲叫到花园里去取欧芹，它代表着在瓦尔德霍夫的童年和青年，她在那里把土豆从地里拔出来，学习如何收获，如何种植、播种和浇水。瓦尔德霍夫的园丁为默克尔花了很多时间，而不像她的父亲那样，她经常见不到父亲，而他在做自己的事情。她常常想起这位园丁，她经常在演讲和采访中提到他，她一直强调他如何耐心地教她认识植物品种、作物轮作和生长周期，如何修剪和照料某些植物，如何拔除杂草和识别害虫，如何施肥以及如何保护早开的花朵免受霜冻。这个体现了耐心照料、培养和鼓励原则的人物，至今仍历历在目。此外，默克尔在湖边的避暑屋后面还有一个花园。当然，土豆是这里的常客。当被问及她会做什么来放松时，她通常回答说做园艺，也包括除草。这对她而言是一种谦卑的训练。

糟糕的父母

联邦青年部部长的任务之一是与年轻的联邦公民见面，并向他们承诺一个有前途的未来。在1991年至1994年担任青年部部长期间，默克尔会见了许多青少年。她作出了诚实的努力。现在，人们不得不承认，无论如何，年轻人是非常神秘的存在，但反过来也是如此。接近年轻人的政治家们很少是出于无私的目的。他们彼此说着不同的语言，他们生活在不同的身体里，他们居住在不同的星球上。在许多年轻人看来，政治家是一个特别可疑的成人品种，是一种可以随时变成会喷火或泼水的突变体的外星生命。2007年，当默克尔在汉堡的一所大学发表演讲时，她坦率地承认，有时她很难用简短的谈话来弥合这些存在的差异："有一次，我被领到巴登-符腾堡州那些公认有些年长的青年那里，他们可以说是'静坐'在市政厅台阶上。他们是吸毒的青年。没有人真正知道该如何处置他们。作为青年部部长，有人把我带到那里，说实话，我不知道他们想从我这里得到什么。我与他们交谈，相当愉快。事后我问他们：你们觉得我们，您和我，现在应该怎么做？他们看着我说：'您不觉得我们的父母很糟糕吗？'"

三 十 岁

当一个人进入30岁时，他会开始怀疑自己是否还能被称为年轻，或者是否被记忆所拖累和压制，他还没有用完最大的储备。摆在他面前的未来还有多少？当默克尔30岁时，一种人生已在她身后，而可能性似乎被严格限制了。东德只允许其公民在几乎没有能力的时候，在他们白发苍苍的时候，在作为系统稳定的劳动力被榨干的时候才可以离开。这名年轻的物理学家梦想着，如果国家允许她离开的话，她就去美国旅行，穿越广袤的美国，听听布鲁斯·斯普林斯汀（Bruce Springsteen）的歌。对于女性而言，旅行自由要从60岁才能开始拥有。在奥威尔式的1984年，默克尔与这些想象中的世界相距甚远，同时，可能的人生道路和生活发展的潜力也急剧减少。1984年，默克尔是一名拥有博士学位的物理学家，她离婚了，没有孩子，从每一面墙、每一个楼梯底端、外墙、人们的面容、国家领导人坚硬的面部表情中都可以读出未来停滞的时间。政治局是一张由封冻了的官僚组成的圆桌，守护着他们的梦想。在与乌尔里希·默克尔（Ulrich

Merkel）分开之后，这位年轻的女士带着安静的决心搬出了这套合租的公寓。她很快就在科学院的一名女同事那儿找到了一个临时落脚点，不过她需要一个永久的住处。中央物理化学研究所的同事们争相充当了住房置办小分队成员。在普伦茨劳尔贝格（Prenzlauer Berg）的滕普林街（Templiner Straße），一处空置的公寓被人用钻头凿开，然后在持续数天的集体努力下得到修复。他们在街上找到一些家具，其他的则来自原先合租的公寓。炊具根本就没有，不过至少还有煤炉可以用。牧师的女儿兼物理学博士居然就变成了住宅拥有者，她虽然没有仰赖国家，但她在官方的住房管理制度和官僚主义的理想控制机构那儿弹了弹手指。"安格拉的公寓"行动具有底层发动的特点，以门上的新锁和乔迁聚会标志着行动的圆满成功。

这个场景有点让人想起默克尔最喜欢的电影《保罗和宝拉的传说》（*Die Legenden von Paul und Paula*），她曾于1973年在莱比锡看过这部电影。保罗是一名善于钻营的公务员，婚姻不幸福，他开始与他的邻居宝拉——附近百货公司的一名收银员有染。宝拉是一个无条件的爱情追随者，每一次争吵都是一场风暴，每一滴眼泪都是一片海洋，每一次和解都是天堂般的庆典，每一次爱的行动都是对所有日常面孔的焚烧。诚然，爱情在两人之间取得了胜利，但最后死亡来临，并带走了宝拉。因此，这部影片具有深刻的戏剧性，它具有喜剧性和浪漫色彩，但同时也是有悲剧意味的，令人难忘的是保罗如何用斧头劈开通向宝拉的路。《保罗和宝拉的传说》绝对是为爱情的系统破坏力而辩护的，这对恋人简直就是日常生活的变节者。

在2013年德国电影学院的一次活动中，默克尔介绍了她最喜欢的电影,并在与安德烈亚斯·德雷森的对话中,反复强调了情感的力量、情感对意识形态的抵抗、职业操守和指令性的国家忠诚。与她的名声,还有与绝对自控、有时显得冰冷的女强人形象相反,默克尔是一个有感情的异见者。她在与乌尔里希·默克尔的婚姻中,拒绝满足于持续低供给的幸福。她想要移动,想要启程,想要门上的斧头,想要在东德毫无选择的生活中找到替代选项。

在她30岁生日那天,这位已经不再年轻的科学家在她位于滕普林街的杂乱无章的公寓里迎来父亲的探访。默克尔为父亲冲了一杯土耳其咖啡,并请他在破旧的沙发上坐下。父亲的目光迅速打量着这套只有一个半房间的公寓里为数不多的物品和家具。"你还没走多远啊!"霍斯特·卡斯纳说,忘记了祝她生日快乐。被父亲以这样的方式说自己壮志未酬,一定让这名30岁的年轻人感到痛心。在她父亲看来,拥有物理学博士学位的默克尔在30岁时能走多远、又走到哪里呢?在一个只能向内远行的国家,充其量也就是成为一个具有丰富经验的人,每一次升迁都是在钩心斗角中展开的。她的父亲想要外孙,保持一种市民阶层的稳定,而30岁的她在研究所和乱糟糟的公寓栖息,看上去仍然像个学生?这关乎科学声誉和卓越吗?霍斯特·卡斯纳和他的妻子以往是看重业绩的。新教的吃苦耐劳伦理驱动着这个家庭向前,他们生活在一个无神论国家,人们服从于集体和阶级,上帝只允许待在边缘地带。勤奋和效率保护了国家的全面控制,也保证了在不自由的情况下有一定的自由。

2001年夏天,记者亚历山大·欧桑(Alexander Osang)访问了滕普林的霍斯特·卡斯纳。他们一起坐了一下午,东拉西扯。

在访谈接近尾声时，房间里的光线逐渐变暗，卡斯纳总结了他家的成就。女儿已经走了很长的路，此时的她已是基民盟的党主席。老卡斯纳使这名记者想起了理查德·冯·魏茨泽克，这样记录下他的业绩："他很有野心，不仅仅在生活方面。他叙述了三个孩子和他妻子的事业轨迹，好像必须要对此作出清算。他说，他很少有时间陪孩子。默克尔说，她经常站在外面等他回家。他没有遵守承诺，总是比他承诺的时间要晚。他早就失去了她，尽管她还在试图向他证明什么。"

2005年默克尔宣誓就任总理时，她的父母也坐在观众席上。霍斯特·卡斯纳已经变得很谨慎，不再允许自己接受采访。他只允许众多记者对他进行少许赞扬："这不是每天都会发生的。"女儿已经走到了一个人所能走到的最远处。她让1984年的想象力变得可笑。

像 猫 一 样

　　说这些男人不喜欢对方都是轻描淡写。每个人都因对方给他造成的伤害而承受着沉重的负担。从1994年起，这位基民盟州长和他的社民党副手在梅克伦堡-前波美拉尼亚州组成了一个非常不受欢迎的执政大联盟。从第一天起，这套班子就开始了争吵。仅仅过了一年半，联盟就面临崩溃。现在，基民盟州主席敏锐的鉴别力成为热门，这位主席的名字就是1993年起任职的默克尔。她作为一名政治拆弹者前往什未林。基民盟的人坐在她面前，双臂交叉，满载负荷而烦躁，随时准备摆脱联盟的束缚。请注意，来自波恩的女人说道，社民党现在就像一只猫爬上了树，像一只惊恐的猫，待在那里，不会这么快就下来，现在你要求它跳下来，一跃而下，但这并不奏效。如果猫跳上了树，惊恐之下高高跳起，爬了上去，那么它就因为惊恐看不到回去的路了。你们必须帮助它慢下来，一步一步地，小心翼翼地，同时保全它的面子。州主席再次离开，男人们怨声载道，但联盟维持住了。

科尔的女孩

当赫尔穆特·科尔于1991年组建他的第三届内阁时，他想寻找女性，但又不知道该把她们放在哪里。一方面，他清楚地知道，基民盟/基社盟最终需要在内阁中有更多的女性政治家，才能勉强符合时代的需要，但另一方面，让女性担任真正有权力的部长职位又是不可能的。财政部、国防部、外交部或劳工部由一名女性领导，这在当时是不可想象的，而且可能不仅仅是在基民盟的政府首脑之下。为此，总理转而采用了一个具有圣经意义的把戏，从而神奇地增加妇女参政份额，即：由一个变成三个。他将丽塔·苏斯穆特（Rita Süssmuth）的大型部委——包括青年、家庭、妇女和卫生领域在内的所谓跨部门部委划分为三个部委，由女性充当领导：格尔达·哈塞尔费尔特（Gerda Hasselfeldt）负责卫生事务、安格拉·默克尔负责妇女和青年事务、汉内洛蕾·伦施（Hannelore Rönsch）负责家庭和养老事务。通过这次政治变革，总理解决了女性权力问题，同时也削弱了丽塔·苏斯穆特继任者的权力，以至于她们很难把自己打造成他的对手。记者和议员们几乎记不清谁担任哪个部的部长，从而很快就对赫尔穆特·科尔的"三妹部委"（Dreimäderlhaus）进行贬损，这听起来就像德国电影里的情节。在这种情况下，默克尔很快就被称为"科尔的女孩"，因为与西德的女政治家哈塞尔费尔特和伦施不同，她被认为是科尔的"造物"，有如他在实验室里创造了她，一个东德的新教女性，份额不会多。起初，人们对这个不知名的人物报以嘲讽的微笑。诺伯特·布吕姆（Nobert Blüm）曾粗暴地拒绝了她的午餐邀请，说他有更好、更重要的事情要做。而当默克尔偶尔在部里亲自接听电话时，人们就说，因为她还缺少一个"前台接线小姐"，嘲笑她的不仅仅是男人："我们国家可不这样做！"部长们高兴地搂着这个"女孩"，或者居高临下地拍打她的肩膀。

默克尔来到这个波恩共和国并不容易，这个共和国似乎有着令人窒息的自我欣赏和自我满足，对统一的进程极其不敏感。那些年的广告口号，"我想保持现在的样子。你可以！"这句话十足点出了西德一众精英的心理惰性。默克尔被这种态度所激怒，同时也试图适应，以求生存下去。我可以做到吗？她当时接受了一次电视采访，人们可以清楚地听到这个抵达的过程对她来说是多么的艰辛："有时我想到印第安人的一句谚语：'身体已到，可灵魂未到。'这的确很难受，我也没有什么时间去处理，但我对民主德国的政治变革感到高兴，因此我认为我必须承担起责任，并慢慢成长。"

幸运的是，她在这段时间里摔断了腿。断腿虽然痛苦，而且烦琐，但这也意味着她可以住院几周，并思考她想成为什么样的人，她想如何待人接物，以及需要注意哪些问题。她读了很多书，想了很多事，尽可能处理她的公务，但现在她很享受这种获得喘息的间歇。在这个阶段，她的断腿仍然从羽绒被下露出来。一名记者有个想法，如果他请社民党的副主席赫塔·多伊布勒-格梅林（Herta Däubler-Gmelin）和基民盟的副主席安格拉·默克尔展开一场关于德国统一现状和妇女参政的谈话，也许是一件好事。因此，一次值得纪念的"三方峰会"在病床边举行了，不过，这次"峰会"的实际进行和预想的并不一样。对于社民党的女政治家来说，躺在床上的好像听起来并不是默克尔，而是总理。这名部长的说辞听起来就像是科尔的唱片一样，不具有独立自主的人格。如果这位社民党的女政治家认为她在浪费时间，并不顾一切地中断谈话，那么她可能很快就会变得不太从容了。她还不如去和赫尔穆特·科尔讨论问题为好。这将是一个有趣的场面。这段谈话未完结，也从未被刊登出来。这名记者坐在他的想法的废墟中，默克尔对她的同行退出的速度感到惊讶。

与此相反，她需要时间来找到自己的声音，在内阁议事桌上找到一个位置，她需要时间来摆脱"科尔女孩"的标签。正是赫尔穆特·科尔本人曾经说过——当时他年事已高，健康问题严重——这种说法由此而来。他说，那是在1991年，有一次他对这位年轻的部长非常不满，并对她大发雷霆。当时任基社盟党团领袖的沃尔夫冈·伯奇（Wolfgang Bötsch）看到了这一幕，并目睹了这名年轻女子的震惊和受挫，于是他告诫赫尔穆特·科尔："总理，好好对待这个女孩吧。"

蠢　货

当女总理观看足球比赛时，她的心中就会万马奔腾。随后，粗鲁的骂人话也占据了上风，在家里的沙发上，她可以放开所有的外交缰绳。当然，她对足球的热爱不能仅仅解释为一种激情补偿，不过，如果这位始终控制着情绪、情感极其自律的政治家能像出租车司机一样骂骂咧咧，这无疑是一种解压方式。她也坦承，"坐在电视机前评论足球比赛自然是件容易的事：'那个白痴怎么又在踢了，我实在看不下去了；就那么几英寸；又是正中门柱，我的老天。'"她对足球对手的诅咒和伤害毫不吝啬，这也多次有迹象表明，即使大多数情况下不会在公开场合被证实，因为即使是女总理，也应当可以允许做一个完完全全的人。这就是为什么默克尔几乎从来不会公开承认自己是拜仁俱乐部的球迷。2018年，当总理府的一名雇员在一个问答节目中公开这一点时，她似乎没有被逗乐。当她没有时间看足球时，她会定期通过短信了解赛况，比如说当拜仁俱乐部在欧洲冠军联赛中的比赛得分。就像所有球迷一样，女总理有时也会对裁判和体育评论员大发雷霆："当我坐在电视机前看足球比赛时，我发现评论很简单。大多数时候，评说并不好，很少有出色的表现。然后，当我自己开始把我的腿伸到对方面前时，我自然也极其不愿意且惊讶地发现，我的能力与我投射到别人身上的梦想和欲望，存在着多大的差距。"2009年，默克尔与有抱负的女记者进行了交谈，她对自身可能的局限性的洞察再次表明默克尔是一个谦逊的人，因此也是一个聪明的政治家。

当然，足球始终也是政治。2006年的夏天童话自然恰逢默克尔的第一个总理任期开始之时，媒体和氛围都很对她胃口，但不能说总理府把足球当作工具来利用，至少女总理本人不会这么做。任何观察到她在国际比赛场边一起加油鼓劲，或者与国家队球员谈论她对足球的热爱的人，都会很快意识到（即使存在最大的怀疑）她的情感投入是真实的。想要恰如其分地描述她对足球的狂热而又不至于让自己陷入幼稚的狂热，这并不容易，因为有时候，默克尔似乎只是为了能够与她的足球宠儿握手击掌或将脸贴在汗涔涔的球衣上才成为总理。遗憾的是，没有比迷恋——一种不受约束、毫无理性的迷恋，一种挣脱了束缚的迷恋——更好的词语来形容了。捕捉瞬间的照片，有时会比直接的体验传达更多的信息，因为照片使人清楚地看到并抓取到非常亲密的情感，否则在汹涌澎湃的公众传媒海洋中可能就会找不到关注点。事实上，女总理随后在一眨眼的工夫改变了自己，使自己焕发青春活力，卸下了所有政治和官方权力的盔甲，允许自己奢侈地做回一个孩子。足球运动员奋力进取的心和拥抱，就如同是对幻灭了的政治家灵魂的一次海水泡浴（Tharassobad）。因为在她上任之初，这种对足球的奉献并未减弱，她也坦然承认："我还是有点羡慕我的前任总理也能踢出切切实实的足球来。"格哈德·施罗德，绰号"阿克尔"，每踢一个球，即使眼前只有一台摄像机，他都答应要来一次正脚背抽射，以此作为足球和统治完美结合的阳刚证明。每次射门都会命中，这就是总理的意思。不过，默克尔却满心欢喜地扮演热心球迷的角色；其他任何事情都很难让人相信，因为她从小就在球类运动方面没有表现出什么天赋，和她一起在瓦尔德霍夫长大的童年朋友也证实，她倾向于站在场边观看球赛，尤其是足球比赛。然而，默克尔作为一名观众，作为一个真正的足球爱好者的身份并没有被夺走，偶尔还会带来证据。他们在体育场上的第一场国际足球比赛于1974年5月在莱比锡的中央体育场举行，当时民主德国与英格兰队进行了一场友谊赛，并以1比1战平。进球者是约阿希姆·施特赖希（Joachim Streich）。另外，在1974年的西德世界杯上，默克尔声称，当西德队在预选赛中对阵民主德国队时，她一直支持西德队，顺便说一下，这也是足球史上唯一一场东西德兄弟对决。她曾祝愿贝肯鲍尔及其身边的团队取得胜利，因为如果民主德国获胜，就会被用来进行宣传，东德社会的优越性也会在之后几周内不断被国家媒体广泛宣扬。众所周知，默克尔并未遂愿，1974年6月22日，于尔根·施帕瓦塞尔（Jürgen Sparwasser）在第79分钟攻入制胜一球，比分锁定为0比1。

作为一位年轻的部长，人们或许可以更经常在波恩的酒吧里遇见她，她有时会在那里看足球比赛。她还邀请同样痴迷足球的办公室主任一起去她当时的国务秘书家里，在独栋别墅的封闭房间中沉迷于足球运动，热情高涨时就用市面上常见的咸饼干棒来应付一餐。她还在波恩的足球酒吧里全情投入观看1996年的欧洲足球锦标赛，而2002年她甚至把不喜欢足球的丈夫独自留在周末度假的房子里，而自己则在邻居家观看世界杯决赛。

当总理们离任时，他们会留下很多纪念信物，有世界各国领导人赠送的礼物，有的比较怪异，有的充满暗示意味，却很少有充满诙谐的。对于这些国与国之间的物件，它们总是表达出良好意愿，但实际上从来没有实现它们的象征性意义，在位于联邦总理府三楼的证物室里可见一斑。在那里，还有几件国家队的球衣，它们从未被穿过，因为它们从未在比赛中崭露头角，所以永远被搁置和未被赎回，球衣上有整个国家队队员给女总理的亲笔签名，默克尔由于职位的关系，自然能作为跟踪者，一再成功地进入球队更衣室。反过来也是如此，球队或球队的使者也会进入总理府，迫使默克尔从他们那里拿球衣作为护身符。在2018年的世界杯比赛前夕，事情彻底搞砸了。在一次晚宴上，德国足协的一支代表团向"我们的总理"赠送了一件背后印有数字"4"和她名字的球衣，即默克尔球衣。这个"4"代表德国赢得了四次世界杯冠军，默克尔也完成她的第四个任期。默克尔虽然访问了球队在南蒂罗尔毫无风险的训练营，但她并没有参加俄罗斯世界杯。没有了他们最铁杆的球迷，约阿希姆·勒夫（Jogi Löw）的男孩们难堪地被淘汰出局了。

比 萨 饼

廷臣、鼓吹者和圣杯守护者们，在教皇身边舞动，表达自己完美的忠顺。他们的尊严距离衣袍有着一指之长。女总理获得了一次私人接见。这就是政治。基督教民主联盟的领导人应该重视教皇，反之亦然，否则就会产生不稳定的影响，所以这种接触就是权力的交换，政治和象征性的权力相互渗透、相互加持。除此以外，女总理还有能力将对方视为凡人，从所有历史约束和繁文缛节中解放出来。这样的一瞥对教皇而言，就是不老泉，因为他常常抱怨说，自己看不到人的眼睛，而是看到那些用手机给他拍照的人，由于所有的拍照者都在寻找照片，所以不再看到他身在所有的神圣盛典之中。默克尔望着他，他也望向她。他们长时间深入地交谈，看着这个世界，看着难民在大海里溺毙，他们看着万恶的财富，地球的冷漠，看着风暴、大潮、荒漠、蝗灾和旱灾。教皇和女总理在45分钟内就为整个世界担心一次。廷臣们焦急地看着时钟，他们想要拨动指针。在与教皇的私人会面之后，默克尔对一位闺密私语道：我很想有一天能和他一起吃比萨。但教皇方济各（Franziskus）可能永远也无法实现这个愿望了，因为他是世界上被护卫得最严密的人。

男人和焊条

　　当默克尔在学校或大学演讲时，她喜欢拆开焊条。这些焊条显然指的是她生命中的一些"行李"。每当谈到男女之间的基本关系，谈到不同的工作方式和沟通方式时，默克尔总是谈到焊条："正如已经说过的，我在莱比锡学习物理学，和男学生一起做研究。到了使用实验设备时，事情总是变得有些困难了，因为男性通常会立即按下按钮或抓起焊条开始工作。起初我还在思考，但那时设备通常已经被占用了，有的甚至已经损坏了。在这方面，我总是喜欢和女性一起做实验，因为那样我们就有了相似的方法。"这是她在2010年的一段语录，但在默克尔的其他许多年份中也可以找到焊条。

当她们的手学会跑动起来

德国电视上最著名的后脑勺非京特·高斯（Günter Gaus）莫属。在他的脱口秀节目中，这位出版人和政治家从未正面出现过，但他的问题却有着任何人都无法逃避的分量。人们听到他的声音，如同看到了高斯本人。他的访谈系列"关于人物"（Zur Person）自1963年在德国电视台播放以来，虽然电视台节目一再更换，但高斯的节目一直留了下来，还有他说话时的后脑勺。在他提问的时候，摄像机则一直注视着对方，也就是嘉宾，于是嘉宾的脸和高斯的后脑勺共同构成了电视画面，在回答问题之前，屏幕上的电影已经开始播放了。一个人如何倾听，一个人如何听取问题，以及这些如何在他或她身上发挥作用，这已经是高斯所提出的正当而又严肃的问询的一部分。

1991年10月28日，默克尔作为嘉宾参与了节目。高斯这时已经成为传奇，从这位年轻的联邦妇女和青年部部长的每一个手势、每一个眼神中都可以读出对他的尊重和戒备。在采访的某一时刻，默克尔发现自己在听的时候漫不经心地把头支在一只手上，看起来似乎很无聊，就像一个不愿意在餐桌上被父母教训的青少年，但她马上注意到了这种不尊重，在内心呼唤自己的秩序，收紧身体，采取了一个挺直的坐姿。她面前的这个人几乎与她父亲同龄，他也有他严肃的气场。从1974年起，他担任德意志联邦共和国常驻民主德国代表近七年，所以当他想到东德的印象和生活历程时，他知道自己在说什么。高斯非常了解东、西德的情况。而默克尔，一个来自东德的女人，一个自然科学家，在政治上仍然缺乏经验，首先不得不谨慎地接近西方，小心地接触政治媒体。她摸索前行，眼神高度警惕、严格防备并随时预警，以至于——人们观看采访节目时——人们想象这名女政治家想必在采访之后会马上头痛发作。

可是，她的手几乎静止在画面中，很少提出反驳意见，表现得相当的防卫和谨慎。此前不久，另外两位女政治家也是高斯的客人，她们和默克尔一样来自原东德地区，也和她一样有着闪电般的政治升迁，被推到了耀眼的聚光灯下。三个女人，三条道路，三种完全不同的气质，三种完全不同的手部肢体语言。默克尔、英格丽德·克佩（Ingrid Köppe）和雷吉娜·希尔德布兰特（Regine Hildebrandt）坐在一张黑色的马塞尔·布鲁尔（Marcel Breuer）椅子上，即瓦西里椅子，钢管，磨砂亚光皮革。克佩像抓结痂一样抓着皮革，又像抓着一个发痒的伤口，雷吉娜·希尔德布兰特则利用扶手倚靠来放置她那大部分时间不安分的手臂和紧握的手，除此之外，她并没有过多注意这些家具。克佩的手在谈话中完全自我遗忘，手势完全不搭言语，是话语的逃兵；希尔德布兰特的手就像投石人；默克尔的手则是训练有素的矿工。女部长有时会紧紧抓住靠背，仿佛她不仅对这次谈话胸有成竹，而且对坐在这把椅子上的任务也是志在必得，如同一次威胁到她生存的挑战要去克服。她的大拇指仍然是最活跃的，而她的手经常平放在大腿上，形成一个可以承受任何围攻的身体中心。一条表演性的裂缝贯穿了她的整个身影，在思考和说话之间，在前台和后台之间存在着明显的差距，她希望自己是真实的，同时又觉得自我的意志妨碍了警惕的意志。当她自己意识到这种二元对立，并将其输入她内心的成绩手册时，情况变得更加复杂：抵挡得不错，安格拉！躲得好！然后，她眼中闪过一丝光芒，这就是击剑的艺术，这就是政治。谈话接近尾声，她的手开始跑动，它们有了自我意识，自信地从掩体中走了出来，拥抱自己，并作为自我传记的信使有所作为。

她学得很快。双手开始跑动，一边跑动一边揉压，捏了捏，夹了夹，分了分，说："停！"

就在同一年，即1991年，默克尔卷入了一场结局不明的实验。她内心纠结。一方面，她认为这是无稽之谈，另一方面，她认为这很刺激。毕竟，像格哈德·施罗德和约施卡·费舍尔这样的政治家也加入进来。人们可以让他们上台表演吗？她同意了，同时也说："这简直胡说八道！毕竟，这本书是在八年之后才出版的，今天必须出现在新闻媒体上。"发起人赫林德·克尔布尔是这样报道的。在1991年至1998年期间，她为通往权力之路的15个人画像，并观察这些部室是如何在人们身上留下印记的，压力如何刻画到他们的脸上，身体如何膨胀或收缩，眼睛下部的阴影如何变得越来越暗淡、越来越深不可测。默克尔经过多年的成长，她摆脱了物理学家、牧师女儿、女大学生、女孩、新手、总理的外衣，她摆脱了这一切，她的嘴唇变得更加圆润，她为自己提供了在镜头前享受权力的时刻。摄影师在1997年1月时问她：
"您是不是只学会了扮演你的角色，还是真的变得更自信了？"这
位政治家答道："这个问题很难回答。当然，一个人自己选择了某
些模板，不是每个人都能敏锐地察觉自己鼻子末端的所有感觉。
此外，我现在总体而言还是希望通过拍照，以便更多地把自己伪
装起来。在过去，对我来说最困难的事情是站在某个地方听演
讲。我从来不知道我的手和我的整个身体应该放在哪里。但现在
已经有所改善，我不再像以前那样把重心从一条腿倾斜到另一条
腿了。我只是变得更加自信。这可能是两者的混合，即扮演一个
角色以及和自己融为一体吧。"就在默克尔于1998年底成为基民
盟秘书长并在两年之后成为党主席前不久，这些值得注意的公开
想法都是关于她的政治存在和舞台的。

她的手正在学习走动，就像童话故事中上下翻飞的煎饼一样，
坎塔珀，坎塔珀（kantapper, kantapper）。在这个国家，它们学会
了说话和坚持，学会了摆动和前进，学会了躲避和继续前进。坎
塔珀，坎塔珀，双手在所有的大厅和战场、所有委员会和部室中
奔跑。而她越是有权势，它们的行为就越是对称，这是两只不太
大的手。她还学会了握紧拳头，这双手指明了步骤，跨越了障碍，
标定了时间跨度，暗示了对立面，并在需要说明过程和发展趋势
的时候画出了圈。所有这些都是均匀发生的，往往是同步的，它
们又是相当柔和的进展，没有劈手，没有紧握的拳头，也没有伸
直挺出的食指。她的各种手势更让人联想到一名园丁，她在这里
和那里伸出手来，在这里摘下一片叶子，在那里平整疯长的植
物，或在那里播种。那是平和的手。她们跑啊跑，坎塔珀，坎塔
珀，别让人吃了，很快她就是秘书长，然后是党主席，坎塔珀，

坎塔珀，最后是总理候选人。2005年9月18日联邦议会选举当晚，当她和其他所有大佬坐在德国电视一台（ARD）和德国电视二台的电视演播室里，与社民党、绿党、自民党（FDP）、基社盟（CSU）以及左派的大斗牛士们坐在一起，正是格哈德·施罗德的手让他失去了理智，让她有机会成为总理。他的每一个炫耀性的手势，每一次五指做吹号角状，每一个自我陶醉的竞选活动鼓点，都让他自己出局。施托伊贝尔（Stoiber）激动地用右拳击打左手掌。这个基社盟的拳头说，这个女人还在等什么呢，她为什么不反击？默克尔任由这位总理喋喋不休，他这样做得越久，她飘忽不定的手指就越加放松，静静地平放在桌子上。

女总理的双手在全国各地奔跑，上上下下，它们在这里摇晃，在那里挥舞，它们宣誓就职，它们没有把空气当作空气，仍然抚摸着无形的东西。它们形成了菱形。社民党的总理候选人来了又走，菱形仍在。党内同志们指责总理介入"非对称的反动员"的事务。这听起来很复杂，但其实很简单，意味着让政治对手及其支持者昏昏欲睡，而自己保持清醒，并要求自己不知疲倦的选民到投票箱投票。2013年9月，悬挂在柏林火车总站对面的是一个巨大的70米×20米的竞选海报，令人印象深刻。海报中只出现了女总理的手，她的标志，菱形。而这幅巨型图片又是由2 150张显示基民盟支持者双手的独立图片组成的。在德意志联邦共和国的历史上，如此巨大的竞选海报还从未出现过。这难道不是要和拜占庭主义[1]沾边吗？这个来自东德的女人不是应该旗帜鲜明地反对这种权力的展示吗？

1　意指专制统治及其复杂的官僚体系。——译者注。

这个图案包含许多信息，可以从不同的方位和时间线来解读。起初，她在90年代的照片中歪歪扭扭地挂着，肩膀吊着或表现出明显羞怯的形象，现在她已经对称地动员起来，调整校准，采取了一种姿势。这双手是她的视觉和人体工程学治疗师，他们携手合作，使这位女性挺直腰杆，并训练她去除耻于现身在公众面前的不良习惯。女政治家拒绝接受策略性的身体和语言训练，她喜欢演员，但又不把自己看作演员，而且无论身处何方，如果人们对她的期望是把政治家这一职业与演员的职业相提并论，她就会感到很不舒服。她的妹妹是一名职业治疗师，因此在专业上关注姿势问题和身体协调，但她也不能被认为是菱形的发明者。正是这双手本身随着时间的推移找到了自己的方向，面对眼睛、镜头和聚光灯，聚焦目光，重新定位被凝视者，从而将他们带入一个健康的起点和正常的位置，摆脱所有的弱点攻击和不利境况、所有的政治攻击和内部斗争。所有摆在她和我们面前的菱形，所有的默克尔之手形，曾被解读为心脏、洞穴、贝壳、子宫……这些都是她的平衡助手，是她在穿越权力丛林的漫长道路上的防滑系统。海报上的这双手可以解读为对东欧集团所有冷酷的权力肖像的讽刺性反转，在这些权力肖像中，主人们把他们的下巴和胡须、他们的眼镜和奖章像北极星一样置于画面之内，并相信只有他们的脸才能保证他们的国家和意识形态的胜利。她，女总理，放弃了面部，只让她的手说话，不要求、不威胁，也不鼓动，而是保持自己。谦虚的胜利同时也是对所有上半身英雄的超越，这张海报让他们明白，在这里准绳已经足够，女人已经无处不在。那个带着她的脸和她的信息的女人已经在她的对手也想扎起帐篷的地方即头脑里安坐。

时　间

　　当她年满60岁时，她觉得匪夷所思，儿童和年轻人都认为她老了。同事们震惊地向她保证，不，不，您没有老，若她自己说这样的话，那表示确认。"如果人们总是到了临终之前才算老了，"她说，"那么年龄就没有脸面了。而这张干劲十足的老年人的脸只是其中的一部分。"当她年满60岁时，女总理也年满60岁，这是个区别，因为女总理在时间上的站位与其他同时代的人不同。女总理从第一天起就吹起一股历史之风，她本身就是人类的一种天文钟，公民可以在上面读取时间的流逝，读取自己的一生，读取自己在民主和社会中的当下时间。女总理的政治机构是时代的监督者，试图让时光流逝带来的压力远离公民。她在宣誓就职时曾这样说过。

　　因此，当默克尔终于年满60岁时，她想以一种特殊的方式来反思时间，并邀请一位历史学家来展开历史时间线。早在2004年她的50岁生日时，这位基民盟/基社盟的未来总理候选人就表现出了好奇心；一位大脑研究者以"大脑：复杂系统自我组织的一个例子"为题进行了演讲。那么现在，十年和超过两个立法周期之后，历史被列入课程大纲中："过去：论历史的时间地平线。"那位历史学家，一位全球性的历史学家，是无可指责的。他的书《世界的转变——19世纪的历史》用1 568页的篇幅讲述了几乎所有事物都与其他事物相联系，以及世界是如何在不同的发展道路上，以不同的发展速度向前和向后变化。

位于蒂尔加滕区的康拉德·阿登纳之家（Konrad-Adenauer-Haus）被挤爆了，大约一千名当天生日的嘉宾正在聆听尤尔根·奥斯特哈梅尔（Jürgen Osterhammel）的演讲，默克尔的母亲也在听众席上，默克尔的丈夫坐在她旁边，两人的知识天线都在仔细地校准。然而，对其他一些嘉宾来说，这场持续三刻钟的讲座是对耐心的考验，因为这位历史学家，在这一天没有提及德摩斯梯尼（Demosthenes），而期望观众踏上复杂的时间和概念之旅，以撼动熟悉的历史时间分类的努力。许多人的眼皮低垂到了拇指上，不可阻止地下沉，许多人的下巴向胸口倾斜。默克尔对参加活动的人群发起挑衅，因为她面对的观众，主要是政治家，采用不同的时间制度。正在开展行动的政治家在很短时间内有所作为，从一天跳到另一天，从一个声明跳到另一个声明，她必须随时做好准备，并给人留下她一直处于在线状态的印象。行动的当事人创造了历史，但没有书写历史。另一方面，历史学家控制了政治家，并把他们变成自己诠释的对象。今天的政治家就是明天的历史编撰的人质。今天的历史学家就是政治在此时此地的纪念物。他最终甚至在生日时谈到了失踪、过世、死亡和遗忘。默克尔不仅是一位多边主义政治家，她也是一个崇尚多时制的人，以不同的速度旅行，并确信即使在一个国家，那些个时钟也不总是在同一时刻敲响。因此，虽然这个讲座对某些人来说可能是磨人的，但她会洗耳恭听，面向世界，并与时间同行。

赫林德·卡斯纳在这一天也聆听了讲座。她现在已经86岁了，仍然努力生活，甚至打算在90岁时在社区进修学院（Volkshochschule）开设英语课。当她看着女儿的生活和她自己的生活时，难道她不认为时间是一个非常有想象力的历史学家和老师吗？她们俩的人生道路不就是东德和西德的奇迹吗？她回想起1954年，在她的女儿安格拉·多萝特娅·卡斯纳出生几周后，她就和丈夫搬到了东德，先是去了基佐夫，然后又去了滕普林。一个未来的总理在那里长大，在一个时钟走法不同的国家，在一个认为自己的存在无穷无尽的国家，在一个永远正确的国家。

边界和围墙，不仅将民主德国与西方隔绝开来，还隔绝了西方的速度崇拜、媒体狂热和技术进步，而且从反面，铁幕也为东方、为社会主义兄弟国家、为苏联打开了大门。那里有11个时区，亚洲的时间概念更具有周期性，时间线不被认为是西方意义上的线性发展，而是弯曲、蜿蜒、回旋，如同猫在咬自己的尾巴。小兄弟并不能从老大哥的时间尾迹中脱离开来。政治局的老人们之所以看起来这么老，是因为他们无法得到任何发展的机会，他们已经进入冰冻状态，就像被保存在没有欢乐的大衣和僵硬的西装里，是时间已规定好的囚徒。因为国家在社会的几乎所有领域都把公民稀里糊涂地推到了光鲜的明天或后天，而人们一方面学会了耐心等待和安心排队，另一方面也同时培养了在国家时钟之外的自我负责的时间岛。那些想体验点什么的人就去创造非正式的网络，因为静止的当下似乎会无休止地传递到未来。

那些想在民主德国做出一番事业的人，想要出人头地，就不得不接受时间的尘埃,它覆盖了一切,铁路、公路、档案和人生道路。如果你按计划向前推进,你自己很快就会被尘封。从莱比锡大学毕业后,默克尔于1978年以博士生身份在东柏林的国家科学院中央物理化学研究所供职。对柏林墙的直接体验激起了一种完全自我的强烈感受。在中央研究所,这位博士生与一位同事共用一间办公室,这位同事后来写了一部关于这些年的小说。默克尔变成了雷纳特。她"是一个没有幻想的年轻科学家的典范。几年来,她一直在努力攻读博士学位。只有在勃兰登堡孤独的自行车之旅中,悲情才会使她充满活力。我们住在一个狭窄的棚屋里,从外面看就像一个门楼,就在大型研究区的边缘。在那里,城市里的兔子与不太受人欢迎并获得资助的科学领域巨擘在长满野草的路上相遇。这里的时钟走得比其他地方要慢,与世界的物质交换完全失去速度,窗前的灌木已经忘记了四季,在冬天居然还结出果实。我们部门享有进行基础研究的优势。社会主义的计划目标在不可预见的愿景和前景的想象领域中消失了。那些像我们一样在没有电话连接的情况下,用打孔卡片为后天的世界工作的人,并没有感受到物质基础的压力"。在米夏埃尔·申德黑尔姆(Michael Schindhelm)的小说《罗伯特的旅行》(*Roberts Reise*)中,民主德国创造出自己的梦想时光,一种不真实的生活,因为未来是计划好的,但缺乏实现手段,无法在当下跟上日新月异的西方世界。

因此,默克尔在东德获得肯定并将之带到西德去,是对不同文化的敏感,是对规定好的时间安排和任何大型宣传政策的不信任。她同样可能从这种经验背景中获得的是一种耐心的等待能力,但当机会出现时又能把握住。

当民主德国在 1989 年秋崩溃、所有的坐标重新调整时，默克尔也抖落了衣服上的灰尘："当时，也许是稍后，我不记得确切的时间，一个朋友送了我一本书，书上有一段献词。米夏埃尔·申德黑尔姆和我在民主德国时期曾在科学院一起工作过几个月。最重要的是，我们谈啊谈，谈了很多——谈了关于为什么在民主德国，人们永远无法测试自己的极限，谈了关于为什么许多事情如此狭隘，如此细小，如此微不足道，谈了关于上次的生日聚会是多么的美妙，或者关于我们为下一个假期所做的计划，以及关于许多其他事情。正如我所说，我已经记不得他到底是什么时候给我的书，但这并不重要，重要的是这份献词。对我来说，它就像是那个时候有关我所有感情、欲望和憧憬的标题。他写道：'向着开放的天地去吧！'那是当时人们可以对我说的最美好的事情了。而我应该如何像其他人一样，向着开放、向着新事物行进？"献词是一句诗行"来吧！到开放的天地中来，我的朋友！"（Komm! ins Offene, Freund!）的变体。这句诗行出自弗里德里希·荷尔德林的挽歌《去往乡间》（*Der Gang aufs Land*）。这首抒情诗歌颂了"我"在经历了一段"沉闷的时光"之后，生命重新复苏。默克尔从未忘记这种对新起点的呼唤；走向开放的天地成为她政治自觉的一块神话般的基石，成为一个启动的时刻，她用这一时刻实现对时间的主宰，把自己从旧政权中解放出来，并且自觉地应对新的精英及其对继承和时间的要求。那些认为自己被新时代抓住并坚决拥抱这个时代的人，作为新时代的化身获得了担保，而旧时代正在崩溃。凭借这种冲劲和自我理解，默克尔在基民盟中成就了一番事业，而时间也是她取代老术士赫尔穆特·科尔的魔杖。1999 年 12 月 22 日，她在《法兰克福汇报》上发表了一篇极其轰动的文章，文章呼吁党内脱离赫尔穆特·科尔这匹"老战马"，与她一起应对"新时代"。这位家长已经深陷于献金事件中，而"科尔的女孩"不仅没有受到牵连，而且还承诺要挽回局势。

自从默克尔成为总理以来，时间资源变得越来越重要。在她的演讲和采访中，人们越来越频繁地发现关于时间主题的应答和语录——

时间是世界上最稀缺的商品之一。随着全球化的发展，时间的利用也越来越加强了。

21世纪最珍贵的商品——它始于20世纪——是时间。

世界并不会等我们。

正如人们今天所说，我们生活在一个颠覆性变化的时代。

我想引用陀思妥耶夫斯基的一句话来结束我的简短发言。他曾经说过："好日子不会从天上掉下来，需要我们自己去创造。"

俗话告诫我们："如果不与时俱进，就会被时间牵着鼻子走。"

她必须处理的每一场危机，金融危机、希腊危机、欧元危机、难民问题或大流行病——还有众多这里可以提到的其他危机——都需要时间，使最后期限、时间限制、推迟和谈判马拉松之间的时间流逝变得生动如戏。在这些多时空的挑战中，默克尔以自己的方式抓住了时间。她做了她能做的事，但她能做的事是有限的。人们都站在时间之中，如果他们相信，一切都会在上帝之手中静止。这种超自然的时间尺度使人回到了他在尘世的时间限制，同时也给了他这样的启示——因为人不能与神灵相抗衡——应该尽可能地利用自己的时间，但绝不应该想象自己可以利用天上的时间储备库使自己在尘世的时间里不朽，即永恒。人做不到这一点，因为人的生命是有限的，所以他最终也只能顺从于他的时间，在有限的领域为自己获得自由。这意味着，一个人需要利用时间来超越时间，即使整个世界都在喊没有时间了，或者终于到了做这个或那个或任何事情的时候。然而，默克尔坚持按照自己的时间、自己的节奏和自己的方法来处理。她日常工作的口号之一是：平静中蕴藏着力量。她还经常强调，必须把事情从头到尾想清楚。当她在2016年11月20日决定再次作为基民盟/基社盟的总理候选人参加2017年联邦议会选举时，她在新闻发布会上说："我花了很长时间，决定来得很晚，但后来我还是坚持了下来。"默克尔为自己的处理速度和自己的时间辩解，但她也接受了时间压力，例如，当她在欧洲理事会的大会上发言时提到迫使我们达成统一意见的"有益的时间压力"。作为一个以时间为导向的政治家，对她有帮助的当然是她能够切换到不同的时区，能够在私下里把政治领域的节奏抛在身后。在她早年的部长任职期间，当她感到仓促和紧迫时，探望父母的两小时时间似乎比看望兄弟姐妹要长得多。不过，无处不在的日程安排压力也让她学会了在其中有空闲的时候完全放下。"在过去，"她在接受一家杂志采访时说，"一个小时对我来说是很短的时间。作为总理，我已经有经验了，我可以更集中地享受稀缺的自由时间。如果我今天的周末只从周六下午到周日中午，对我来说仍然感觉是一个完整的周末。"

默克尔是第一位主动放弃任职的德国总理。她已经将这句圣经经文内化为：凡事都有它的时间，天下所有的计划也都有它的时刻。

2018年12月，当她提前辞去党主席职务时，她在汉堡的党代会上说道："我不是生来就是当总理的，也不是生来就是为了当党主席——真的不是。我一直希望并决心有尊严地履行我的国家和党派政治职务，并在某一天有尊严地离开；因为我们都站在时间之中。现在是翻开新的一页的时候了。"

在 窗 台 前

她站在窗台前，专心致志地看着他。霍斯特怒不可遏。她听到了他的磨牙声。经验告诉我们，当他这样的时候，任何与他交谈的企图都是没有意义的。他一边看着身后的火车，一边自言自语。

我已经是一具政治死尸了……
我已经躺在墓地里了……
他们不会埋葬我……
每个掘墓人都活了下来……

我曾担任过州长、部长，参加过五届政府，我没有倒下。我的父亲开过卡车，搬过石头，周五还有工资到手，我是霍斯特。任何时候，我坐在联邦议院里，高中没有毕业，没有上过大学，没有读过博士，我已经走了很长很长的路，那些权贵们，所有波恩各部委的闹剧，还有那些觊觎总理位子却又只能原地转圈甚至止步于此的人……我毕竟是幸福的，我毕竟是幸福的。

一小时又一小时过去了。每当他生气时，她就不得不离开，到窗台前。事情进展顺利时，她是设备的老板，站在波恩火车总站边上。这一切都始于波恩，他们第一次坐在同一张桌子上，在内阁的会议桌上，霍斯特和默克尔。霍斯特在他钟爱的地下室里，在沙姆豪普滕的生存地下室（Existenzkeller）里，再现了他的生活。在超过25年的时间里，他锯木头、做木匠活、用砂纸打磨、研磨抛光、铺设轨道、拉电线、加电、编程。他一般到晚上很晚才开始工作，有时睡到自然醒，然后清晨的阳光落在三线轨道系统上，落在这个比例为1∶87的马克林（Märklin）铁道模型世界上，落在这个包含攀爬巡查、工作职责和脏活的微观世界上。

这就是我的生活。你看，这条腿代表着我在波恩的生活，那条腿代表着巴伐利亚的生活。这家医院象征着我担任卫生部部长的时光，这里的马厩代表着农业部部长泽霍费尔。我身高一米九二，是条汉子，我很潇洒，很聪明，不爱打转，我是科尔马厩里的最佳战马，我是流星和成就获得者，我就是这样的，然后默克尔出现了。火车模型……这就是我的生活。默克尔她不明白这一点。我和她说过，现在她正站在窗台上。那个默克尔模型，他们在齐恩多夫把她送给我，当时我还在老的布兰德斯泰特公司（Brandstätter）那里，在摩比（Playmobil）玩具那里。你们也有一个默克尔吗？一个默克尔塑像？他们都飞奔过去，十分钟后，他们又回来了，还带着两个塑料女士模型，两个默克尔人偶，真正的德国手工艺品，而且速度如此之快。只为您，亲爱的泽霍费尔部长先生，独一无二的。当我们这儿天气好的时候，她站在那里，在波恩火车总站，是设备的老板。但如果崩塌了……然后离开，来吧，默克尔，让我安静一下。我靠自己的力量站了起来，每天下床，喝酒，出汗，喊叫，为党派，为国家和——抱歉——为国家，为党，为我自己，像这样……我没有照顾好自己，直到我几乎被摧毁，心脏几乎完全损伤，然后苏西站在床边，我的小女儿，只有11岁，说，现在我们终于可以谈谈了，否则你就永远不会在这里了。但默克尔知道什么呢？一切都落到了她的身上，落到了她的身上，她的父亲是牧师，我的父亲是司机。而我总是要解决一切问题，上限，上限，他们就在她的脚下，我被打败了，霍斯特·泽霍费尔和安格拉·默克尔——对不起：是安格拉·默克尔和霍斯特·泽霍费尔——还是找到了解决方案，她得了"诺贝尔奖"，我得了心脏病，女儿说，你永远不会在那里。

她站在窗台上，听到了每一个字。霍斯特在痛苦中，她理解他，是的，她听到了他的痛苦，但他为什么要躲在这个地下室里呢？为什么这些家伙总是要在自己的生活里演这样一出戏呢？为什么这条轨道如此人气不旺？没有绿树，没有灌木，没有动物，没有草地，没有森林，没有喷泉，没有湖泊，没有船只，没有面包师，没有牛，没有鸟，没有邮差。这是什么样的空虚世界？霍斯特？这里只有一个马厩和一家医院，还有一个火车站，只有三座建筑，除了霍斯特本身，什么都没有。一个霍斯特的世界！由胶水、木头和轨道组成。还有，霍斯特，你为什么还去波恩呢？你是不是从来没有搬去过柏林，你是不是从来没有放过赫尔穆特·科尔？而为什么，霍斯特，为什么你还在向电视展示这个生存的巢穴？你为什么让那些好事者和他们的摄像机进来，向他们展示你的霍斯特之心？

她喜欢站在窗台前，她并不介意他认为如果他把她变成一个摩比人偶，他就有权力控制她，她只是不喜欢她鼻子前的那个皱褶装饰窗帘，它夺走了她对外界的看法，她很想让她的眼睛游走，出去，离开霍斯特地下室，离开这个他生命的永恒象征。

大 眼 睛

摄像机是政治存在的助产士，它们造就了政治家，传播了他们的言论和思想，使他们变得伟大，但是，毋庸置疑，它们也作为掘墓人进入现场。没有摄像机的陪伴，他们感觉赤身裸体，而有了摄像机的陪伴，他们就仿佛穿上了一件灼伤皮肤的衬衫。

吉多·韦斯特韦勒（Guido Westerwelle）比大多数人更了解这种矛盾的存在关系。2000年，这位自民党的政治家参观了RTL电视二台的"老大哥"演播室，在那里，候选人被摄像机日夜监视。韦斯特韦勒希望在他还不为人所知的地方给自己一个形象和脸面，所以他做了德国最具争议的娱乐节目的嘉宾，因为政治本身正日益变异为一场自我推销的表演。在2002年的选举活动中，这位自民党的政治家宣传了"18计划"，即他们希望在联邦议会选举中赢得的百分比。数字18被印在衬衫领口、鞋底和眼镜上，吉多驾驶着亮黄色的吉多汽车走遍了德国。吉多汽车是一辆性感的吸睛的交通工具，一辆超长的汽车作为一个具有超能力的党派的符号，旨在吸引眼球和镜头。还有另一个韦斯特韦勒，一个羞于出镜且极其敏感的人。他不敢在晚上闯人行横道的红灯，无论地方多么偏远，无论时间有多晚，因为他担心电视摄像机突然出现，记录他的不轨行为。

作为一名年轻的西德政治家，韦斯特韦勒很早就内化了摄像机对他的注视，而默克尔直到35岁生日才与媒体、与公众建立起亲密关系。恰恰相反，她必须待在"大眼睛"下，在国家安全机构的监视下；她，这个外表循规蹈矩但内心叛逆的科学家，练就出了不惹眼、克制、深思熟虑、模棱两可的舌头和沉默的技巧。作为一名年轻的部长，她在应对媒体经验方面要比吉多·韦斯特韦勒嫩得多，韦斯特韦勒在年龄上虽然比她小几岁，但在媒体上现身和通过媒体曝光却老道得多。当她开始观察他时，她不禁对他冰冷的职业精神表示肯定。当他向媒体吐露信息时，既有意泄露对他有用的信息，又同时在镜头前斥责同事的喋喋不休，堪称一场完美的表演，这让默克尔印象深刻："太好了，这家伙能干点事！"她在这位自民党主席的50岁生日上就是这么说的。在她从政的最初几年，她自己勇敢地参加了几乎所有的电视节目，这是必修课，可以说她在媒体方面还是一名学生。不过，她从来不像吉多那样霸道地扬起下巴，从来没有像他那样饶有兴致地与媒体调情，也从来没有俏皮地试过各种面具和口号。如果她在媒体露面时有所尝试，总是意识到，这也许是政治职业生涯中虽耗时但又不可或缺的存在。

然而，尽管真实的摄像机是必要的，它们也创造了一种想象中的无所不在的感觉。然后，一个转瞬即逝的眼神就像一个突然闯入的摄像机，又像一个路人突然掏出的摄像机一样；他们的预感引发了摄像机的集体游行，然后它们也许没有来，但还是作为一个缺席的证人存在。无论如何，你作为政治家或默克尔作为政治家，都很难摆脱镜头。20世纪90年代末，默克尔曾对摄影师赫林德·克尔布尔说，她因此变得有点"害羞"，有时匆匆回家，躲避每一个眼神，因为她不想随时随地被人认出、被人观察、被媒体锁定。时刻盯着她上方的大眼睛变得越来越大，但与此同时，她的脑海中烙下了这样的信念：在政治上没有其他办法可以绕过摄像机，因为正是摄像机使政治家变得伟大，把他们的存在、他们的身影和他们的面孔带到最偏远的省份，如果没有这种无所不在的存在，没有这种无所不在的面孔锚定，他或她就什么都不是。在与赫林德·克尔布尔的对话中，默克尔将这种政治和媒体的强制联姻归结为一个小故事。当她避开人和目光时，这可能被解释为不友好的行为，"但这只是一种生存策略。如果没有人看，当然也就不那么好了。我在德国北部的时候注意到了这一点。我坐在一家餐馆里，心想：这里真的没有人认识你吗？然后过了一个小时，女服务员平静地对我说：我觉得您之前来过一次，这非常好。于是我思考了50分钟，她是否认识我，或者我是否做错了什么。这让你觉得，你是不是已经完全疯了？"那些没有被摄像机发现、没有被眼睛认出、因而没有被公众确认的政治家们，会对他们的未来感到恐惧的。

政治家在面对镜头和公众时可以争取的自由度曾经是不同的。维利·勃兰特的次子拉尔斯·勃兰特在他的回忆录《纪念》中讲述了他和他的父亲有时如何在警卫和摄像机面前略施小计。如果父子俩一起出去吃饭而不想被认出来，他们就用一个简单的招数来甩掉贴身保镖和摄像机："如果我们想摆脱他们而独处，父亲就会躲进我的大众汽车，这样当我开车经过门口的警卫并挥挥手对开门表示感谢时，他就不会被注意到。也不是很经常，但有那么几次，他就是那样和我偷偷跑出去，然后我们像其他人一样去了一家餐馆，不露声色地坐在边上的一张桌子，也不会遇到便衣警察。"从70年代开始，情况有所变化，监控范围扩大了，眼睛也无处不在。手机摄像头在现场比比皆是，它几乎是极权主义的，因为它有观察和守护一切的倾向，它使主人画地为牢。像维利·勃兰特那样，随心所欲地去一家餐厅吃饭而不被人注意，对默克尔来说几乎不可能。在2013年的德国消费者日，默克尔用一则轶事来这样描述自己在多大程度上被动地面对无处不在的手机："我确实时不时会去购物。感谢上帝，我并没有每次都被记者抓住。我在超市里总是做的一件事就是，当有人问我是否可以一起拍照时，我是拒绝的，因为那样我就会把一切都搞混。有一次就发生在我身上，当我在签名时，我拿错了购物袋回家——另一个消费者可能也是如此。为了防止这种情况再次发生，我现在也不处理这么多任务了，而是把自己限制在正常购物的范围里。"默克尔也许可以拒绝合影，但她很难成功摆脱保镖。

成为总理后不久，默克尔曾试过逃跑。她很好奇，想要知道是否能够躲过那些大眼睛、摄像机和保镖。她坐上了厨房的电梯，她想逃离，试图让自己隐身，最终结束于地下停车场。

在 剧 院

当女总理与文化工作者会面，谈论如何处理新冠危机（Corona-Krise）时，自然是以在线聊天的方式进行远程交流。她说了一句再好不过的话："人们不会直接从床上掉落到剧院里。"这指的是去剧院的路上，乘公共汽车或地铁的行程中，与其他日常出行者相遇存在潜在的感染可能。令人惊讶的是，在与艺术家的对话中，女总理几乎没有暴露出自己的个人文化偏好，政治家默克尔不与喜欢看歌剧、爱乐乐团演出的公民默克尔争论。即使在那里，她也保持谨慎，不暴露自己。

然而，她向艺术人物的转变早已开始。有小说以她作为虚构人物，有剧作将她搬上舞台，还有电视和电影作品将她的政治生活戏剧化，为她披上神话般的外衣。无论她喜欢与否，默克尔在有生之年都被以她为原型的剧照掩没了，这也唤起了她对生活的向往。是的，她喜欢看电影。14岁时，她第一次违背父母的意愿去了电影院。《炎热的夏天》是德国电影股份有限公司出品的一部轻松的音乐剧名字。主角克里斯·德克和弗兰克·舍贝尔的人物海报就挂在她的房间里，如果人们还记得克里斯·德克当时的短发，完全可以认为默克尔在这里找到了早期的风格样板。很久以后，女总理谈到《走出非洲》(*Jenseits von Afrika*) 是她最喜欢的电影之一。而她与沃尔夫冈·朔伊布勒（Wolfgang Schäuble）一起去看法国喜剧片《漂亮的好朋友》(*Ziemlich beste Freunde*) 也不再是什么秘密了。不过，她的心更依恋于剧院而不是电影院。这个地方的魔力与她此刻的炼金术有关呢？谁去电影院，谁就进入了无限的循环往复；谁去剧院，谁就进入了开放的天地。电影院总是预先复制和运用蒙太奇，剧院则是在大厅里的蒙太奇，观众自己坐在自己主观性的切割台前，他必须寻找图像，把它们联系起来，并把它们与自己的经验联系起来。也许默克尔在剧院中寻找的正是这种挑战的欲望，在剧院中等待我们所有人的是最终无法控制的时刻。

乌尔里希·马特斯（Ulrich Matthes）和默克尔于2005年夏天在福尔克尔·施隆多夫（Volker Schlöndorff）家的一次花园聚会上相识，当时她刚刚成为总理不久。这位女政治家对这名演员没有表现出任何傲慢，她不认为他是天堂鸟，也不像其他非常严肃的学者那样，是轻量级的知识分子。他们的谈话很热烈。当默克尔和约阿希姆·绍尔离开时，马特斯给她留了他的电话号码，并邀请她到剧院参观。"请与我联系，我会为您搞到票。"默克尔回答说："我自己会处理票的问题。"这是个细节，不过也是她的典型作风。她拒绝任何形式的捞好处、吃白食或占便宜。一方面，这是一种以家庭为导向的行为，但也是一种活生生的政治知识：只要你开始在你周围挂起一张特权网，你就会无可救药地被这张网缠住。

几周后——马特斯本人却因他的邀请迅速得到兑现而错愕——他的手机响了。我们来了！然后她来了，悄无声息地，她毫不费力地寻找自己的位置。当一名记者在2019年得知总理就坐在剧院里他前面的两排——那是在德意志剧院上演的莫里哀的作品《愤世嫉俗者》（由乌尔里希·马特斯扮演阿尔塞特）后他非常生气，于是写了一篇关于总理隐身的文章。默克尔和马特斯之间的会面纽带自他们第一次见面以来就一直保持着，这同样也是因为这位演员几乎不谈这个问题。另外也因为两人都觉得对方有一定的幽默感，所以他们之间的对话是出于相互欣赏并且知道这个世界是一个舞台。如果你不去逗乐对方，向对方展示你也是可以通过讽刺的方式审视自己的角色，那就会太无聊了。当总理像往常一样发表新年讲话时——五十多年来，总理们一直在发表这封有关思考的书信——访问者有时会冒昧地指出她可以改变一下她那童话般的语气。总理回答道，她只能采用这种语气，因为她不是一名演员。幽默是对所有意志的有限性的洞察，而意志从不会让人失望。

幽默同样也是一种好奇心，这种好奇心在默克尔身上尤其强烈。当她与丈夫或与福尔克尔·考德尔（Volker Kauder）一起去剧院看戏的时候，她会抛开日常的政治生活。演出结束后，她有时也会和马特斯坐下来攀谈，她毕竟是个渴求知识的人。而这位演员知道她要说什么，因为不止一位政治家会在剧院节目结束后探望他。她只是想知道一切：您是如何做到这个和那个的？这一切又是如何运作的？挑战在哪里？您是如何成功的？需要多长时间？是什么让这样的合奏变得有活力？然后，默克尔就成为一名独特的戏剧学者。当马特斯在叙述时——桌上会有一个肉饼或一块肉排——她享受着看戏之后的戏剧体验、叙旧和理解。当然，也允许有推论的时刻，她欣赏演员的舞台套路，他把自己的舞台存在感分解，再拼凑起来，以可想见的最自然的身份呈现在眼前。在她从政之初，她感觉自己就像一个舞台人物，被推到一个似乎根本不属于她的公众领域和表演中。她不喜欢在电视上看到自己或听到自己的声音，在所有的舞台人物、名人和明星中间，她感到自己格格不入。她从来没有想过要上舞台表演。只是后来她渐渐找到了自己的角色，并允许它在自己面前获得认同。只有当她看到那些以她为原型的演出是真的，她的确能带来贡献时，她才会自我宽慰。马特斯为她打开了舞台后门，在戏剧之外，她以不同的眼光进入了下一部戏剧，开始了下一部作品。

她在东德时对戏剧产生了浓厚的兴趣。在那里，戏剧比电影更有可能成为超越社会主义使命之外的艺术。以人均拥有剧院的数量来看，民主德国是世界上剧院密度最高的国家。而在1989年的革命之年，有这么多戏剧人参与并引领潮流，这显然并不是巧合，因为尽管有国家的控制和煽动，剧院始终是反对派火花飞溅的地方。在从安克拉姆（Anklam）到普劳恩（Plauen）之间的剧院里，人们可以学会读懂字里行间的意思，分解德国统一社会党（SED）的政治用语，寻求社会发展的替代道路。例如，在席勒的戏剧《唐·卡洛斯》中，当波萨侯爵向国王喊道"陛下，请赐予思想自由！"时，掌声自发地响起，整个剧院都知道这是什么意思。又如，在《哈姆雷特》中，有这么一句台词，"丹麦国里有一些腐朽的东西"，一个聪明的演员在"国"和"丹麦"之间插入了一个颠覆性的艺术停顿，于是演员和观众都从中找到了一种力量，这种力量是源于几乎所有人都把这句话指向当今政权而获得的。在这样的时刻，有些人在坐着的时候学会了直立行走，有些人在背后推着你向前，互相使眼色，然后端端正正地走过门厅。默克尔知晓曼弗雷德·韦克韦特（Manfred Wekwerth）在柏林德意志剧院导演著名的《理查三世》，由希尔玛·塔特（Hilmar Thate）扮演理查（1976年录制成电视节目），以及托马斯·朗霍夫（Thomas Langhoff）在马克西姆·高尔基剧院导演的福尔克尔·布劳恩（Volker Braun）的剧作《过渡社会》（*Die Übergangsgesellschaft*，1988）。这部剧中的人物首先要把自己从茧中解放出来，即用铝箔把自己包裹起来，以便能够呼吸和说话。因此，戏剧提供了喘息的机会、希望的视角和人生梦想的氧气。

戏剧在工农国家得到大力支持，按照计划，它应该为文化教育和社会意识教育服务。同样，儿童和青少年也被引导观看戏剧。歌德学校和赫尔曼·马特恩中学的学生都前往柏林参加戏剧表演，从乡间前往大城市这是求之不得的机会。在2007年的一个庆祝活动中，总理回顾了以下情节："在我的青年时代——具体什么时候记得不太清楚了——我的父母总是带我们从乌克马克到柏林进行圣诞旅行——到那个有真正文化的城市去。对我来说最难忘的一次经历是表演了'屋顶上的提琴手'——在西方被称为'Anatevka'，这让我想起了夏加尔，可以说，这唤起了我的很多回忆，即如果你真的自由了，那你就可以做所有的事情。"

戏剧是一个更自由的世界的体现。戏剧是齿轮中的沙子，戏剧是角色放弃的指南。1989年，演员们在德累斯顿的一个露天舞台上面对期待的目光说道："我们正在走出我们的角色。我们国家的形势迫使我们这样做。"

语言和存在

2010年，当斯特芬·塞伯特（Steffen Seibert）开始担任政府发言人职务时，默克尔在摄像机前向他承诺，她将尽量表现得理智，这样他就尽可能少与她发生冲突了。这样，她幽默地颠倒了角色，因为政府发言人的工作当然是诠释总理的讲话，使她尽可能不迁怒于他。要做到这一点，政府发言人需要模仿总理的措辞和风格，理解她的话语，并对外传达核心信息。最优秀的政府发言人应该是言简意赅，却又让记者感觉到他们几乎听到了所有的东西，并得到了独家消息。在最初的几周和几个月里，塞伯特像对待一门新的语言一样学习，他从她的嘴形和词语中看出一个又一个字来，试图区分什么是讽刺，什么是幽默，什么是严肃，什么是含蓄。有时最让他头疼的是那些他不认识的字，而这些字的含义对他来说并不清楚。当女总理说"镇静下来"或在这里必须小心地"跨过野草"时，又是什么意思？有些词在网上找不到，在词典里也找不到。几乎每天都有一个罕见的或从未听过的词添加进来，所以这名政府发言人为此列出了一个长长的清单。他想，也许有一天我能够编出一本词典，无论如何它对我来说都是有用的，只要它能帮助我准确理解上司的意思。

事实上，默克尔的语言很难简化为一点，像每个政治家一样，她会用很多语言说话。这里指的不是外语，而是指与场合和地点有关的语言，党派和政府的语言，脱口秀和采访的语言，前台和后台的语言，原初和调整了的语言，反抗和安抚的语言，演说和牧歌的语言，官方和竞选的语言，啤酒帐篷和大学的语言。这个清单还可以加长。大多数与总理的语言打过交道的批评家都给了她一张差劲的成绩单。作家兼出版人卡洛琳·艾姆克（Carolin Emcke）在2013年的一篇文章中谈到了总理的语言，她说："这是一次可悲的探险，在安格拉·默克尔的文本中，这次旅行令人难过，因为这位总理说的句子几乎都是用陈述式来表述的。在真实的语态下，她几乎完全不使用虚拟式。然而，可能性的形式却是那些不确定的东西，是让你充满希望和梦想的东西。"艾姆克继续批评道，这种语言起到了"修辞学上的镇静剂"的作用，也就是说，它让人入睡，避免出现政治争议，并最终导致辩论的非政治化，这种方式被描述为"毫无选择"。大多数批评家错过了一种富有远见的语言，一种超越了时空的思考和演说，一种为冲突准备的决斗和争论说辞。从2009年起，默克尔在对希腊的财政援助方面经常使用的"毫无选择"一词，被选为2010年的"年度热词"。它扼杀了辩论，引发了政治不满，因为它表明不能再对所走的道路进行讨论了。

其实，默克尔的言论，以及一般的政治言论，都是沿着预先安排好的路径，在法律上受限的术语和制度上封闭的词汇中进行。就她而言，必须补充的是，作为一个东德人，她把在大学和科学院等公共或半公共空间中的讲话都单独置于监管之下；她在演讲时一边站着一边说话，并观察自己的演讲。如果没有这种自我控制，没有这些对官方话语的适应，她在民主德国的道路是不可能通畅的。因此，任何一个学会了以这种方式观察自己并克制自己，甚至对预设的乐观主义产生怀疑的人，都不会在一夜之间突然变成一个民主的吟游诗人，尤其是如果有人像她那样细心且愿意适应的话。

如果想要出人头地，在政治上尤其如此，在联邦共和国也同样如此，那就必须管好自己的舌头。默克尔于1989年开始其政治生涯，担任民主觉醒组织的新闻发言人，并于1990年继续担任最后一届自由选举的东德政府副发言人。从此，她开始成为一名政治演讲的观察者，在演讲背后，在口号和引人注目的声明背后寻找答案。她看着政治家们，听着他们的讲话风格，他们的承诺，他们的声音。她的第一个举荐人，民主觉醒组织的主席沃尔夫冈·施努尔（Wolfgang Schnur）很快就被揭露是骗子和斯塔西的线人，洛塔尔·德梅齐埃也很快被怀疑是一个非官方的工作人员。1990年夏天，赫尔穆特·科尔向东德承诺"繁荣的景象"；一年后，他在哈勒被扔了很多鸡蛋，因为他说话太满，因为他的承诺在现实面前站不住脚。事实上，它似乎完全是轻率浮夸和谎话连篇的。语言迟早要为现实负责。在这方面，卡洛琳·艾姆克的解释是，默克尔并没有为日常生活之外的未来建立虚拟式的连通桥梁，这是正确的。她不允许自己或听众做梦，她试图让听众更加面向现实或她的政党认为的现实。

回顾她的道路，可以看出她说话有三个不同的强调阶段，即三种语气。作为一名部长，尤其是在早期，她的接受能力极强，她吸收了基民盟的词汇，恶补了老西德的语言，她学习了部长的官方语言和行政语言，并训练自己在镜头前讲话。从今天的角度来看，她有时显得异常敏感，平易近人，容易触动。东德的生活正在影响着她，她很难传播政府的官方自信语气。考虑到许多东德人的困境，她更喜欢在详细解释立法举措时避重就轻，这听起来往往是技术性的；是的，她有时表现得真的很无助。

当她在1998年成为基民盟秘书长时，她切换到一种更积极的进攻风格，她把自己与党派歌曲和口号联系得更加紧密。显然，她面临着压力，因为她必须证明自己能够跟上约施卡·菲舍尔、吉多·韦斯特韦勒或格哈德·施罗德等修辞高手。有时，人们会觉得她让自己变得强硬，在与西德基民盟/基社盟成员的党内竞争中扮演党内政治霸主的角色，她在措辞和强烈的争吵声方面向他们靠拢。这个攻击阶段同时也是一种同化的艺术，在一群人中叫嚣，显示出一种默契；它看起来并不真实，尤其是弗里德里希·梅尔茨从不放过任何一个机会，把自己当作在修辞上比她更胜一筹的领头羊。

和对手较劲与面孔强硬的阶段，在2005年她宣誓就任总理时结束了。从那时起，她更喜欢以统帅的口吻说话，这关乎联系社会团体和机构的问题，而且作为一个执政大联盟的主要领导人，她无论如何都要向共识、利益平衡与局势缓和方面倾斜。

默克尔与语言的关系始于其对自身能力的清醒判断。她从不认为自己是一个伟大的演说家，她太害羞了，没有太多激情，过于怀疑自己。她仍然对伟大的舞台、对高调的布道过敏。她——说起来——不是飞行家，不是航海家，她不起飞，不翱翔，她走啊走啊走。她脚踏实地，这也表现在她演讲的核心隐喻中。她经常说到已经走过"很长的路"，或者仍然要走，"路径"在几乎所有的变化中都是作为任务出现的。而"步骤"就属于路径，是最初的步骤、过去的步骤和接下来的步骤。她这么说，也这么做，她谦虚谨慎，没有暴风雨般的疾步，她迅捷但同时也很小心谨慎。她说，许多成就已经达到，但仍有许多工作要做。我们接下来必须采取若干措施。走起，走起，走起。

默克尔在上一个任期发表了一些最好的演讲，这也许并非巧合。自2018年夏天以来，还出现了扩大政府质询的局面，即总理每年都要三次面对国会议员的质询，而这些问题事先都并不知晓。在这里，总理必须回应各种攻击性问题。她知识渊博，思维敏捷，不慌不忙，有时还很幽默。当她回击一些笨拙而又有挑衅性的问题或回应民粹主义的攻击时，往往会赢得一片掌声。在2020年12月9日的一次预算演讲中，她即兴回应了极右势力的呼声，即感染人数和新冠死亡人数之间并没有必然的联系："我相信启蒙的力量。欧洲能有今天的成就，要归功于启蒙运动，归功于人们相信有些科学发现是真实的，最好坚持下去，而且我非常确信这一点。我决定在民主德国学习物理学——在旧的联邦共和国我可能不会这样做——因为我非常确定很多东西无效，但重力不是，光速不是，其他事实也不是，而这一点也将继续有效。"这时的默克尔便会赢得掌声、笑声和广泛的认同。

自从所谓的难民危机以来，或者更应该说是欧洲团结和欧洲价值观的危机，默克尔，特别是在讲话时，更多地把自己作为一个人，作为一个可以辩护的发言人，承认错误，甚至道歉。她在2018年3月21日发表的政府声明是她最好的演讲之一，因为一方面她跨越了伟大的历史弧线，同时承认了失败和错误，但另一方面又证明了乐观主义精神的合理性。年龄越大，经验越丰富，默克尔就越是表现出脆弱和人性化。

她最有力的演讲也许是在2020年3月18日，在新冠疫情开始之时。除了必须安排的新年讲话外，默克尔从未发表过电视讲话，2008年金融危机期间没有，欧元危机时期没有，2015年9月数十万难民寻求庇护时也没有。她觉得新年演讲太过夸张，太过世俗化；她不想成为一个童话般的姨妈，一个来自电视高层的传教士。是的，她也不喜欢读稿子，在情感的寄存中狂野地驰骋，使她常常会迷失。这种电视形式的语言，对过去一年进行总结，并对未来一年进行展望，这难道不是毫无希望的奢求吗？毕竟这么多长短不一的发展和感受原本是无法联系在一起的。

现在病毒正在蔓延，这样的担忧必须放在一边，因为在这里，语言决定着生死，在这里，语言可以拯救、缓和，在信息传递时进行干预。责任一直是默克尔的自由风格，在这里，除了责任，还是责任。演讲仍然是演讲，它必须要写出来，要润色，要修订，要精简，但最终它只有在忍受的时候才能开始活起来，才会被接受。默克尔为这次演讲而遭受了痛苦，同时她也发表了这次演讲。她的第一段话、声音和面部表情让观众意识到这里正在发生非同寻常的事情："因此，让我说：这是严肃的事情。你们也要认真对待。自德国统一以来，不，自第二次世界大战以来，我们的国家从未遇到过如此依赖我们团结一致行动的挑战。"政治语言总是获胜，留在记忆中。即使信息是普通惯常的，那也必须创造一个神圣的时刻。这种躯体与语言、形象与信息、时刻与历史的相互作用在这里获得了成功，堪称典范，因为默克尔以总理的身份进入了历史时刻,人们立即感觉到她可以应对这一挑战。

她长期以来拒绝悲情,她的中肯往往是统帅式的节制,现在得到了回报。早在2013年,她就打出了"您了解我"的口号,并在竞选海报上用她著名的菱形手势说话。这几乎意味着拒绝说话,因为这些语言是针对身体的,是针对人民已经习惯了总理的时刻。尽管竞选海报很狡猾,但它所蕴含的信息(投给我,别看了,您了解我)与总理在许多演讲中提出的出发、创始和开拓的精神相悖。但是,这种"您了解我"似乎只是到了现在,在新冠疫情开始的时候才完全得到兑现,因为默克尔引领德国人克服的所有危机现在看来只是压力测试和应急演习。紧急情况,就是现在:"我知道这些限制已经具有戏剧性了:不能举办活动,不能举办展览会,不能举办音乐会,暂时不能去学校,不能上大学,不能去幼儿园,不能到乐园里玩耍。我知道联邦和州政府商定的关闭措施对我们的生活造成了很大的干扰,同时也影响了我们对民主的自我理解。这种限制是联邦共和国以前从未见过的。"作为一个演讲者,默克尔从来不是一个超然的朋友,她宁可依靠情感的安抚,她是一个自信的政治家,而不是一个恐惧的政治家。平凡的一句话"我们可以做到"一直是她语言工具箱的一部分,到2015年已经被彻底洗刷掉了,以至于今天我们仍然惊讶于它的挑衅性。

一个人可以重塑自己,因为这样做才符合时代要求,或者因为别人期望这样做,这种想法对默克尔来说始终是一种政治技巧。尽管如此,在新冠疫情开始的几个月里,德国人体会到了默克尔是一个不同的政治家,一个几乎不为人所知或根本不为人所知的政治家，她讲话中的一句话很好地抓住了这种转变："目前，只有距离才是关怀的表现。"在新冠危机中，默克尔也与自己拉开了距离，与旧时的权势拉开了距离，那是一个就事论事、冷若冰霜、按部就班的政治家，其私人轮廓几乎无法辨认。而在这里，她以极大的情感力度说话，她把抽象的社会、人民当成一个大家庭，她以母亲般的关怀陪伴着这个家庭，她用自己的人生经历来证明对自由的限制是合情合理的。"请允许我向您保证：对我这样的人来说，旅行和行动自由是来之不易的权力，这种限制只有在绝对必要的情况下才有理由。在一个民主国家中，这些限制绝不应该轻率地做出，哪怕只是暂时的——但目前它们对于拯救生命来说是不可或缺的。"

随着新冠危机的发展，默克尔的语气也越来越急迫。她总是知道如何保持镇定，即使在非常感动的时候也仍然控制着自己的震惊，比如她在联邦议院悼念在阿富汗阵亡的士兵时，陷入了语言失效、身体取代语言作为信号的困境边缘。在电视讲话中，她的手仍然紧握，只有微微抖动，发出最小的音量，但现在，2020年12月9日的联邦议院，她的手仿佛迸发出了泪水，这是绝望的手，在拍打讲台时可以清晰地听到这种绝望。所有观察员一致同意，这是女总理在公开场合从未有过的："如果科学乞求我们在圣诞节前减少一周的接触，也就是说，在您看到奶奶和爷爷以及其他老年人之前，也许我们应该重新考虑能否找到一些方法，让假期不在12月19日开始，而是在12月16日就开始了。回顾一个世纪的大事件，如果我们不能为那三天找到任何解决办法，人们会怎么说？如果我们在圣诞节前有太多的接触，然后是与祖父母一起度过的最后一个圣诞节，那么我们就会错过一些东西。"默克尔以这样一种参与的方式说话，仿佛是在直接谈论她自己的家庭，仿佛是在谈论她的父母和祖父母，也在谈论她自己，作为孩子，作为母亲和祖母，也作为百年来各种事件的参与者。有一天人们会怎么说我们呢？这也是她关心的问题，不是她自己在历史中的形象，而是几个世纪以来她和我们在这部家族小说中的地位。她曾发誓要避免让德国人民受到伤害，她也在就职时为此宣誓过，而洞悉她自己权力的有限性和局限性是痛苦而清醒的。在这一点上，默克尔显然也受到了伤害，那就是拒绝学习，拒绝一些政治家和公民的知识。当她说到哀求可怜的科学时，她指的是她自己，是科学家默克尔。

她的母亲赫林德·卡斯纳于2019年4月去世，默克尔的弟弟马库斯致悼词，就像在她父亲的葬礼上那样。"如果有一个座右铭伴随赫林德·卡斯纳的一生，"他说，"那就是准备好一生的学习。"

作为政治家，作为人，作为女儿，默克尔也已经内化了这一点。在很小的时候，她就体会到语言可以帮大忙，而且语言还能跨越国界。她在很小的时候就会说话，但有很长一段时间还不会走路。于是，当她作为大孩子还在玩耍的时候想要一些她够不到的东西，她就让弟弟去拿。她从小就会使用多种语言。这首先并不意味着她学了俄语和英语，如果老师没有逃向西方，她其实更想学法语（默克尔至今仍对这种不了解感到遗憾），这意味着她有能力处理不同的语言游戏，能适应非正式的、私人的、学术的、官方的或政治方面的语言游戏。当东德内部崩溃，旧西德以饿虎扑食之势扑向东德时，她有机会了解权力和社会的新语言游戏，这吸引了她在这个语言领域完全重新定位，学习这些以民主、政治、媒体和基民盟为名的外语。伴随着这样的经验：被制造出来的语言也是有时间的。人们不知道上帝是如何说话的，牧师的女儿同样也不知道，但人类不应该也不能够像上帝那样说话，不可能为自己与上帝的说话辩解和豁免。默克尔倾听波恩共和国，倾听并逐渐开始说全民德语（Gesamtdeutsch）、科尔的语言（Kohlisch）、部长的语言和党派的语言。

诚然，默克尔不是一个潇洒的歌手，不是女权主义的暴女一族（Riot-Girl），也不是一个具有攻击性和征服性的演讲者，从她嘴里说出来的很多东西听起来令人感到沉闷，或者说没有什么吸引力。她也从来没有提供过一个宏大的叙事，相反，她给我们的提议是在没有宏大叙事的情况下也能过关的。她在2005年作为总理发表的第一个政府声明，其标题就是"敢于自由"（Mehr Freiheit wagen）——这意味着个人必须从国家赋予的含义中解放出来，每个人都应该像她一样，利用机会，挑战极限，德意志联邦共和国应该成为一个不断发展和创新的社会。她从未支付过更大的叙事硬币。

然而，作为一个演讲者，她也并非像一些评论家喜欢描述的那样无聊。她用无数种形式发表了讲话，气质和强度都非常多变。只要是反对右翼极端主义，她就会感同身受，全力以赴。当她谈到纳粹主义的罪行时，听者常常为之动容。默克尔于2007年4月1日在耶路撒冷获颁她的第一个荣誉博士学位。她接受耶路撒冷希伯来大学的这一类型的荣誉，并不是巧合。伊里斯·贝尔本（Iris Berben）是该校的校友会和基金会成员，认识了默克尔，默克尔以一种特殊的温暖和人性关怀出现。在历史的长长阴影面前，人类几乎是渺小的、谦卑的、脆弱的、易受伤害的。在这些场合中，默克尔会注意不让做作的悲情悄悄潜入她的讲话之中。说到恐怖、记忆和羞耻，不需要任何烟火味的措辞。

与理查德·罗蒂（Richard Rorty）一样，默克尔被认为是一个自由主义的反讽者，她知道权力的有效期及其所属的言说方式，她并不要求自己的言论去垄断真理。一切都是过程，都是谈判，一步接着一步。没有什么东西是从天上掉下来的，一切都是工艺品。人类的使命——根据这种理解——是踏上通往自己和他人自由的无限之路，在不限制他人自由的情况下扩大自己的自由区。自由主义的讽刺者默克尔可以在晚上睡觉时把总理挂在衣帽架上，或者交给衣帽间。

总理不对幸福负责。政治言论并非天生就是幸运的，也不会创造幸福。在最好的情况下，政治的存在是为了防止结构性的不幸，并为幸福创造条件。最多就是这样！幸福的表达充其量可以由作家、抒情诗人、歌唱家、讲述者来完成。众所周知，默克尔在演讲中想要表达复杂的感情时，偶尔会引用莱纳·昆策（Rainer Kunze）的话。即使在总理府，有时也会想起他或其他人的诗。她与诗人乌拉·哈恩（Ulla Hahn）交好，并且对京特·德·布鲁伊恩（Günter de Bruyn）也非常尊敬。2006年11月1日就在他的80岁生日时，她在奥得河畔的法兰克福发表了一篇赞扬性的演讲，这也为默克尔的憧憬和对湖泊的渴望作了稍许的注脚："在我看来，您可以描述那些不可描述的东西，比如幸福。在 Fedezeen 这部小说中也是如此。这个现代童话故事的中心是'幸运池塘'。在森林深处，这些幸运池塘的产生来自一位被诅咒的公主的眼泪。在池塘里游泳的人都会得到幸福的沐浴。您这样写道——我这里引用一下：'幸福是池塘边的生活，远离城市，远离大喇叭的噪音，远离穿制服的人群，远离学校、汽油味和部队口令。爷爷知道：许多人和我们一样受苦，但除了我们两个人，没有人知道通往幸福的道路，森林，池塘。'引用完毕。"

的确，默克尔总是喜欢游得很远，在乌克马克的滕普林，在霍恩瓦尔德，她的周末别墅就在那里。她游了出去，总理留在了岸上。幸福的池塘。

取　名

　　“我叫安格拉·多罗特娅·卡斯纳。”2017年4月，最后一名证人向国家安全局调查委员会这样介绍自己。房间里传来一声低语。多罗特娅·卡斯纳？总理后来在询问中回答道，由于她在公开场合从不提起自己中间的名字，所以她的思绪不由得滑到了家庭的过往，可以说是一种提醒。卡斯纳，这是她的婚前姓氏，是随她父亲霍斯特·卡斯纳的姓。但在这个姓氏的背后，也有一段被遗忘的历史。霍斯特·卡斯纳于1926年在柏林出生，是一个波兰移民的孩子，出生时叫做霍斯特·卡茨米尔察克。在他出生四年后，这家新柏林人决定将他们的姓氏德国化，卡茨米尔察克变成了卡斯纳。1977年，安格拉·多罗特娅·卡斯纳与乌尔里希·默克尔结婚时，她采用了第一任丈夫的姓氏默克尔，尽管根据民主德国的姓名法规——当时这要比联邦德国的更符合潮流——也允许用她的姓名作为共同的姓名。他俩于1982年离婚，安格拉·默克尔保留了她结婚时的夫姓。她在1998年与约阿希姆·绍尔结婚时也没有改名。此时，她已经以安格拉·默克尔的身份在政治上崭露头角，改名将使她失去身份认同，从而丧失知名度。

在很长一段时间里，我们是受名字制约的；当我们出生时，给自己起名字的权力不在我们手中。父母在他们孩子的名字，即符号胶囊（Zeichenkapseln）中投入或多或少的意义，这些名字充满魔力、时代精神、神灵和性别等含义。安格拉，就是天堂的使者，而多罗特娅，就是上帝的礼物，这两个名字都源于基督教，指的是天主教的圣徒。当安格拉——该教团的创始人，获知她将在床上平静地死去时，多罗特娅则作为殉道者死去。据说，这两名妇女都拥有长长的气息，即使像多罗特娅一样受到折磨，也能坚定自己的信仰。无论谁出生都会有一个名字。活着的人，成长的人，都要为自己赢得名声。我们将对我们来说缺乏自由的命名转化为自由的时刻，即在背景故事和神话般的洒脱之外，用我们自己的人生来赢得名声。反过来，处于公开状态的名字往往成为目标，不得不忍受各种投射，然后名字被扭曲，用于揭露、打击、丑化名字的持有者。即便是童年时期有人给我们起的绰号也可能会给我们造成伤害，即使这些绰号原本是善意的。默克尔在学校被称为卡西（Kasi）。据说，在大学里，她的绰号是唐·卡米洛[1]（Don Camillo），另一个同学的绰号叫佩彭（Peppone），一个善意的尊称，显然是指她以基督教为基础的辩论能力，毕竟电影中的唐·卡米洛（由费尔南德扮演）是一个令人同情的神职人员。

---

1 出自意大利作家乔万尼·瓜雷斯基（Giovannino Guareschi, 1908—1968）的小说及其改编的系列电影，意大利教士唐·卡米洛和共产党人佩彭在作品中上演了一出出对手戏。——译者注

1991年，当默克尔成为赫尔穆特·科尔内阁的一名部长时，她又获得了一些新绰号，这些绰号有的尖锐、夸张，有的则是恶意的。起初，她的绰号是"科尔的女孩"，因为她被认为是由他创造出来的，是由"上帝的恩典"造就的人。至于他又挖出了谁，都会在许多基民盟大佬的脑海中回荡。她被看作一个衍生人物，同时也是一个受"老头"特别保护的政治家。后来，当一些人为了追逐自身的权欲，发现默克尔已经摆脱了这种刻板印象时，便开始诋毁她，尤其是在基社盟，她被称为"区域鹌鹑"（Zonenwachtel），这对默克尔伤害很大——她后来才公开承认了这一点——因为这不仅是对她作为一个女人的性别描述，而且也是对她是东德人贴上了贬义的标签。

不过，默克尔也将这一阶段抛在脑后。当她在21世纪最初几年掌握了权力之后，年轻党员把她称为"安吉"（Angie）。在2005年的联邦议院选举活动中，滚石乐队带有悲壮色彩的颂歌"安吉"引发了怒火。这首颂歌无论是从氛围还是歌词都不太适合默克尔，因此它很快就和这个绰号一起销声匿迹了。"妈咪"（Mutti）这个标签最初带有揶揄和贬低的意味，它的始作俑者很可能是基社盟的勇士米夏埃尔·格洛斯（Michael Glos）或施瓦本侯爵[1]京特·厄廷格（Günther Oettinger，基民盟成员）。然而，这一带有毁谤的绰号经常带有一种被忽略的击打意图：这些取名的老先生们也是暗指那些年轻的基民盟一代，他们信任默克尔，就像孩子一样团结在"默克尔妈咪"（Mutti Merkel）的周围。多年后，这个贬义词已经转变为褒义词，因为它已经从党派政治

1　时任巴登-符腾堡州州长，故名。——译者注

领域转移到社会领域，更多是从关怀、母性和可靠性的角度来理解。

而默克尔也把这个词变成了对自己有利的词，在2013年的竞选中，她采用它作为再次尝试担任总理的积极框架。"国母"（Mutter der Nation）——她的任期越长，人们越一致地认为她是稳定的保障者——这个荣誉称号也在国外获得注册，即人们说的是"铁血总理"或"默克尔妈咪"。在2008年金融危机和随后的希腊和欧元危机之后，她又被称为"不夫人"（Madame No），意即这个女人把钱包缝起来，是吝啬的节俭主义传教士，要求对南欧各国进行硬性的改革，然后——像往常一样——吐出来的钱又少又慢。

过去只有英格·梅塞尔（Inge Meysel）这样的女演员才有"国母"这样的形象，从2015年起再次扩展到阿拉伯世界，因为总理并不遣返那些寻求庇护的难民。"默克尔妈咪"现在成为难民、寻求保护者和无家可归者的守护神。在布达佩斯的火车总站，难民们将她的照片举到相机前，就像一个祭祀牌，也是为了提醒西方世界不要忘记她。在拥挤不堪的希腊边境伊多梅尼（Idomeni）附近的难民营，绝望的难民也在呼唤"默克尔妈咪"。出于感激之情，一些叙利亚父母在德国的户籍登记处以安格拉·默克尔的名字为其子女登记，将默克尔作为中间名。相反，这位"难民总理"则被反对她这一政策的右翼民粹主义者诋毁为"多元文化妈咪"（Mutti Multikulti）。

上面的名号和头衔清单并不完整，还可以扩充。不过，显而易见的是，人们通常无法选择自己的名字，它们会成为情感和历史的模具，至少如果一个人是公众人物的话。在民粹主义小丑和独裁专制者的时代，安格拉·默克尔的名字已经成为严肃政治、多边可靠性和理性的代名词。在世界舞台上，在一只发推特的橙色大象[1]登上舞台后，她被宣告为自由世界的领袖。

1　此处影射美国总统唐纳德·特朗普（喜欢发推特、橙色皮肤、以大象为党徽的共和党人）。——译者注

平 静 的 干 扰

默克尔是一个安静的信徒。当你走进总理府——除非正在接待一位国宾——你会发现这里很安静。而且从一层楼到另一层楼，它变得更加安静。在第七层，即总理办公的地方，是最安静的。这个区域几乎像是一个冥想的地方。

无论如何，这里比柏林的库普费格拉本（Kupfergraben）更安静。库普费格拉本是中心区一条不起眼的街道，通风，游客多，有轨电车发出刺耳的声音，汽车轮胎压在鹅卵石路面上发出吧嗒声。夏天，成群的椋鸟在大教堂后面的灌木丛中嬉戏；冬天，数百只乌鸦在那里叫唤。附近有一个跳蚤市场，每周举办一次，几十年来，建筑工地和脚手架给人的印象都是临时性的。晚上，夜鸟飞过，白天，街头的音乐家们向风中发出粗犷的声音，甚至连佩加蒙博物馆，这个灰色的大块头，也不是静静地站在周围，而是不知不觉地念叨着。这里，就在对面，住着默克尔。不管怎样，这是一个通风的地方，一个过境的空间。

在这里，和其他地方一样，你不能选择邻居。逼仄空间里的邻里关系需要宽容。多年来，默克尔和奥特马尔·施赖纳（Ottmar Schreiner）住在同一所房子里。这位社会民主党人被认为是党内最后一批正直的左派人士，他的对手也称他为"混凝土左派"，在他看来，"议程2010"就是新自由主义的罪过，是对社民党身份的背叛。从党派政治和意识形态的角度来看，邻居默克尔和施赖纳是相互制衡的。如果按照施赖纳的方案，社民党就不会成为默克尔这位基民盟总理的助产士。作为一个热情的劳工卫士，这个留着小胡子的萨尔州人是一个高音量的信徒，同样在他的私人生活中也不是一个说话温和的人。这位"劳工的哥儿们"偶尔会在深夜回到家，在与新自由主义的缩头乌龟战斗之后，饥肠辘辘。土豆去皮、煮熟、切片，最后与培根和洋葱一起热炒。还有一杯红酒和一曲米蕾耶·玛蒂厄（Mireille Mathieu）的香颂。最后，几滴美极调味汁带来了真正的活力，炸土豆的气味从门窗中飘出。由于香颂曼妙悦耳，米蕾耶的声音也被调得更大了。然后就会有人敲墙或按响这位大哥的门铃。这时，第一丈夫——或者说第一先生——会站在门口，亲切地要求降低音量。

尽管偶尔会有分歧，但奥特马尔·施赖纳和默克尔组成了一个稳定的日常工作联盟，即使他们对如何给马铃薯调味明显存在分歧。施赖纳这样说道，默克尔曾经严肃地向他抱怨说，如果他不在炸土豆时浇上美极调味汁，那么即使他在大家晚间休息时炸土豆，那也没问题。这一点，除了过于嘈杂的音乐之外，还有一股让人讨厌的气味，令她无法入睡。不过，由于两位政治家都是德国马铃薯的朋友，这些分歧最终得到克服，国内和平得以维持。

政 策 能 力

政策能力这个词在德语中是阴性，但使用者多为男性。政策能力，一个笨重的词，一个德语单词。《基本法》明确规定，政策怎么走，最终是由总理说了算。在德意志联邦共和国的历史上，只有那么一位总理真正用生命和权谋来填充这个词，那就是康拉德·阿登纳（Konrad Adenauer）。他的继任者被赋予的权力要少得多，这就是为什么他们试图以自己的方式塑造政策能力。总体而言，政策能力是男性蛮力的一个特例，因为民主国家的决策过程太过复杂，无法在内阁会议上一锤定音。维利·勃兰特让他的部长们各抒己见，直到某个时刻，像变魔术一样作出一个决定。在勃兰特当政时期，政策能力变成了勃兰特能力，他的继任者施密特对此提出尖锐批评。对他来说，这简直就是松松垮垮。从那时起，政策能力变成了命令能力，有时甚至可以说是咆哮能力，因为施密特（绰号"施密特大嘴"）喜欢用力敲打桌子，以至于咖啡杯都在摇晃。但那已经是政治剧场，过时了。赫尔穆特·科尔紧随其后，他把政策能力变成了梨子能力。"梨子"在普法尔茨地区的俗语里，指的是金钱，而科尔就是黑金库的统治者。由于赫尔穆特·科尔的身高令人生畏，所以政策能力在内阁中虽然也获得了纯粹的存在感，但关于方向和突然改变路线的基本决定并没有从科尔时代流传下来。然后是格哈德·施罗德，政策能力的限制导致总理失去了创纪录的部长人数，而且他的任期相对较短。有一点不能再忽视了：在21世纪初，政策能力就是海市蜃楼，是男子共和国的怀旧残余。然后是默克尔。

2005年的联邦议会选举，基民盟/基社盟以微弱的优势战胜了社民党。对于基民盟的总理候选人来说，这看起来就是一场惨败。默克尔能坚持下去吗？与社民党进行的非常费力的联盟谈判开始了。格哈德·施罗德在选举之夜曾大声咆哮，现在他不得不被慢慢地拉回现实。选举结束后9周，即2005年10月10日，基民盟/基社盟和社民党最终同意默克尔成为总理。即使现在回想起来，在这么长的时间里竟然还有人怀疑，因为基民盟/基社盟虽然只有微弱的优势，但还是很明显赢得了胜利。尽管如此，默克尔还是被认为是一个轻量级人物。例如，老牌的伦敦《泰晤士报》写道："许多人认为她会是一个短期领导人。"埃德蒙·斯托伊贝尔和弗朗茨·明特弗林也这样认为。两人都公开质疑总理的政策能力，其意思无非是说：男人，也就是我们，穿着长裤。整个世界都在等着女总理的语言反击，但她暂时保持沉默。随后是基民盟/基社盟的议会党团会议。当时，人们预计埃德蒙·斯托伊贝尔将作为超级部长进入政府，并从巴伐利亚来到柏林。一些议员想知道他说的默克尔的政策能力不适用是什么意思。斯托伊贝尔假装没有听到这些呼声。"站起来！"他们对他喊道。斯托伊贝尔更努力地把自己藏到一堆文件资料后面，不理会大家的牢骚。坐在他旁边的默克尔已经准确地记录下大厅里反对斯托伊贝尔的情绪是如何形成的。她兴味盎然地等了一会儿，然后慢慢站起身来，若有所思地说道："哦，政策能力在《基本法》中是有规定的。"——她做了策略性的停顿——"如果总理是一位女性，《基本法》的规定也是适用的。"圣灵当然不会在众人头顶悬停，但慢慢地，大家开始意识到，妇女也可以不用拳头敲打桌子而说出有力量的话。埃德蒙·斯托伊贝尔颓然倒下。

格哈德·施罗德退休后安享晚年。

埃德蒙·斯托伊贝尔没有成为超级部长，而是留在了巴伐利亚。

几周后，弗朗茨·明特弗林失去了党主席的职位。

只有默克尔留了下来。

在这样的日子里

有时，瞬间就能说明问题，一个短暂的瞬间揭示了为什么默克尔成为总理，而她在基民盟中的竞争对手却没有。在2013年9月22日，基民盟/基社盟和总理共同取得了他们最大的胜利，在联邦议会选举中赢得了41.5%的选票。在这样的日子里/人们无限向往。在康拉德·阿登纳之家，他们在跳舞、唱歌、欢呼。安吉！安吉！安吉！身体的解除限制让人联想到射击节、狂欢节式的手挽手随音乐摆动、曲线欢呼和老年人的弹跳杆。在舞台上，党的高层领导在寻找这样的日子，福尔克尔·考德尔扮演坎皮诺，赫尔曼·格勒厄扮演摇旗呐喊者。这是永恒的/今天是永恒的/我们不站在原地/一整晚。"死裤子"乐队的单曲《在这样的日子里》是2012年的大热门，在德国单曲排行榜上排名第一，也是德国队在欧洲足球锦标赛上的励志歌。即使在今天，人们对基民盟的大人物中没有人弹空气吉他感到惊讶。默克尔和其他人一样，幸福地随着施拉格音乐的节奏拍手，这种集体拍手的目的是超越所有的节奏，类似于运动戒瘾的身体康复练习。即使在她的青少年时期，默克尔也发现很难沉迷于流行音乐或施拉格音乐。她曾经描述过自己如何不能放手，音乐几乎没有成功地在情感上压倒她，以至于她只是跟着跳舞而自我怀疑地观察自己。即使在这个胜利的时刻，她的自制力也是引人注目的，可以肯定的是，她幸福地微笑着，内心短暂地放松了，所有的节奏，所有的音乐，所有的瞬间，身体的舞动，但随后她的自制力立即跳了出来。我们在这里表演的东西可能是什么样子的？我们真的可以翻唱"死裤子"乐队的曲目吗？还有，德国国旗是怎么回事？秘书长赫尔曼·格勒厄从旁边递给她一面小小的德国国旗，他想拿着它挥舞一下，但总理眼光警觉，从他手中夺走了这面旗帜，就像幼儿园老师从一名男孩手中夺走沙铲一样，这把沙铲是准备用来打人的。在他们的狂喜中，基民盟的人已经失去了控制感，这些控制感会悄悄告诉他们，这是一个糟糕的文化侵占案例，或者正在发生一种滑稽的对保守派习惯的自我清空行为。然而——回过头来看，人们也必须注意到——"死裤子"甚至在当时可能比他们想象的更老、更保守。与她的在党内的男性战友相比，德国总理在她胜利的时刻，一直关注着狂欢的美学和政治代价。她知道，在国家的过度兴奋和民族主义的脱轨之间有时会有一条细微的界限，任何政党都不应该表现得好像它拥有这个国家。除此以外，默克尔也是一位清醒的造型师，她发现这种德国国旗舞相当孩子气，并感觉到这里有人在铤而走险，有习惯性将自己无形化的倾向，或者——换句话说——让自己出丑。上一次，一名德国政治家与一家杜塞尔多夫团体合作还是在1973年，当时的联邦总统瓦尔特·谢尔（Walter Scheel）与这个杜塞尔多夫的男子歌唱协会联袂演唱了歌曲《登上黄色马车》。这是国家机关、歌曲资源、党派色彩和声乐能力的结合。联盟党中的后辈朋克歌手也可以向巴拉克·奥巴马学习，后者在2012年与滚石乐队一起演唱了《甜蜜的家乡芝加哥》，并成功地用他的声音和他的酷炫光环折服众人。奥巴马对声音的使用如此有分寸，如此切中要害，他以最小的努力激发出最大的热情。另一方面，福尔克尔和"死裤子"的组合付出了最大的努力，却换来最小的热情。"死裤子"乐队在他们的脸书页面上对翻唱表演进行了讽刺："我们在练习室里饶有兴致地关注着目前关于基民盟版《在这样的日子里》的争论。这场演出对我们来说似乎更像是一场车祸：不漂亮，但人们还是看了……因为有一点很清楚：这首被残酷演绎的歌曲仍然是基民盟最近的最佳表演。"

联邦议会选举四天后，坎皮诺的手机响了："亲爱的坎皮诺先生，我打电话给您，是因为我们在选举当晚把您的歌演绎得太厉害了。别担心，这不会成为基民盟的下一首赞歌。不过，您还是写了这么出色的一首歌。"

坎皮诺松了一口气。

总理随后再次请他对这唯一的一次失误给予谅解，毕竟这首歌已经不再按照乐队的愿望在竞选活动中播放了。"但总的来说，在庆祝胜利的时候，您曾说过您并不反对。"

在这一点上，真正的政治家显示了自己老谋深算的一面。在这篇关于竞选期间对这首歌曲进行政治性攫取的抗议性文书中，"死裤子"乐队绝不是在说胜利庆祝活动，而只是说他们并不介意在一般的、非政治性的庆祝活动，如啤酒节上使用这首歌。

然而，坎皮诺现在并没有打开啤酒桶。作为绅士，他祝贺总理在选举中获胜，但没有任何欣喜若狂的欢呼。然后他又说，歌声很平和，现在已经没有人再被冒犯了。

合　影

　　默克尔没有自拍杆。她不合影，她会让合影发生。梅苏特·厄齐尔（Mesut Özil）直到今天还很恼火，因为2014年德国对阿根廷的决赛胜利之后，当总理到更衣室看望球队时，他是唯一没有与她合影的球员。

　　大多数人在与总理合影时都会微笑或大笑。在宽银幕电影镜头（Cinemascope）中，咧嘴笑的无敌怪物是卢卡斯·波多尔斯基（Lukas Podolski）和拉斯·艾丁格（Lars Eidinger）。令人惊讶的是，默克尔的保镖居然允许这些合影，今天回头再看看这些照片，仍会为总理的安全感到担心。似乎这名足球运动员和演员已经抓住了总理的心，卢卡斯甚至将一只胳膊搭在默克尔的肩上，这种过分夸张的姿态，总理通常是相当过敏的。而拉斯·艾丁格，身体半裸着，仍然戴着理查三世的面具，看起来像一只兴奋的墨西哥蝾螈（Axolotl）。即使是那些通常讨厌合影或被作为合影一部分的人，如塞巴斯蒂安·维特尔（Sebastian Vettel），在面对总理的时候也会变得软弱。这位一级方程式明星赛车手几乎是不情愿地承认，他几乎是带着歉意要求与默克尔女士合影的。

　　一方面，像默克尔这样的全球人物成为合影一代的梦想对象并不奇怪；另一方面，默克尔本人没有分享她的自我形象的自恋特质。现在与默克尔的合影不是蓝色的毛里求斯[1]，已经有成千上万的人与她在一起合影了。兴奋的学童、自豪的公司老板、村妇、记者、老年护工、厨师、小吃店老板、学徒实习生、消防员、警察……都与默克尔合影过。甚至像汉森机器人公司制造出来的索菲亚机器人，现在也会要求与默克尔合影。如果人们在默克尔任期结束后，将她的所有合影照片汇编起来，也许可以以"21世纪的人和其他生物"作为标题，为我们的社会编制一个精彩的目录，这就像奥古斯特·桑德（August Sander）的著名摄影记录图集曾经做过的那样——将提供一个"时代的面孔"。

　　最著名的与默克尔的合影发生在2015年9月10日。当时她参观了柏林斯潘道的一个难民收容所，并与几名叙利亚难民合影。可以毫不夸张地说，这些照片传遍了全世界。没有任何迹象表明，这些现在已经成为偶像照片的背后有一个传播策略。这些照片是自发产生的，其倡议并非来自默克尔或其顾问。尽管如此，这些合影自然是有前因后果的、有前提条件的。默克尔在民众中走动总是处于合影模式，任何接近她并友善提问的人都会得到这一服务。在联邦总理府的开放日上，在默克尔的全国各地旅行中，在竞选活动中，在庆祝活动和周年纪念日上，作为总理，当有人向她提出合影要求时，她很少抽身回避。这是一种礼貌的行为，通常是良好的沟通，最终也是她对自己职位的理解，尽管

1　源自毛里求斯于1847年发行的邮票，是世界上最稀有邮票之一。

需要存在必要的距离，但也要保持平易近人。在这里，不与时俱进就是彻头彻尾的不近人情或专制独裁；沐浴在人群中是民主国家元首的政治媒体职责和纪律。与难民合影是默克尔常规合影的一部分；如果拒绝他们，那简直就是自我否定。

2015年夏天，德国出现了令世界公众震惊的场景。难民们在火车站受到欢迎，鲜花、食物和玩具……欢迎文化被图像化，并在世界范围内塑造了德国的形象。这些照片中缺少了默克尔。有人责难她还没有访问过难民收容所。总理与时代潮流不同步，也就是与德国的主流形象不同步。当她在8月访问海德瑙的一个难民收容所时，她遇到了在任期间从未经历过的仇恨和骚动。"谎话连篇的新闻报道""你们这帮货""滚开！"和"人民的叛徒"等高声呼喊不绝于耳。默克尔惊呆了。这种恨意从何而来？这就是我们的国家？她的日程安排不允许有喘息的机会，不允许有更长的思考时间，也不允许闭口不谈。默克尔这些天也在参加竞选。2015年9月4日，她访问了埃森，为联盟的市长候选人站台。在埃森的城堡广场上出现的情况也有些许暗流涌动：难民们高举默克尔的照片，愤怒的市民们大声表示反对，疑似纳粹分子在争吵，憎恨默克尔的人和默克尔的粉丝发生冲突，有口哨声、嘘声、咒骂声、欢呼声。总理身边的人，有市长候选人阿明·拉舍特（Armin Laschet）和她的秘书长彼得·陶伯（Peter Tauber），尽管他们早已训练出自信的表情，但局面仍使他们感到非常不舒服。局势开始紧张起来，当默克尔离开舞台，在拥挤的人群中寻找出路时，保安人员开始出汗了。有人将一张照片塞到总理的手上；照片上是9月2日在地中海溺毙的年仅两岁的叙利亚男孩艾伦·库尔迪（Alan Kurdi）。彼得·陶伯还记得，有来自埃森的土耳其裔抑或阿拉伯裔年轻男子走过来，请求和总理合影。默克尔同意了，于是秘书长调侃道：你们可以想象一下，我还没有和总理合影过。他赢得了上司讽刺的一瞥，总理干巴巴地说：你可以有机会。

同一天，一大早，成千上万的难民从布达佩斯出发，通过高速公路前往德国。德国，这个充满希望的国度，一个情感两极分化的国度。有些人，也许这是他们生命中的第一次，对这个国家有一种自豪感，因为它彰显了人性，而另一些人则酝酿着仇恨，因为他们看到自己的德国人身份受到威胁，因为外来的势力在敲门。

在这场德国人的灵魂之战中，在这种情绪化的特殊状态下，默克尔不能袖手旁观，其中也有一场关于德国人希望在未来以什么样的自我形象进入世界的争论。她必须带领德国进入21世纪，她必须表明德国人已经从历史中吸取了教训并承担起责任。历史永远是一个图像背景，你不会用可恶的鬼脸和指向倒退的图像来赢得未来。

当然，默克尔9月10日对斯潘道难民收容所的访问也是一次制作照片的约定。只有当你合影了，你才能控制合影。与难民合影具有怎样的影响力直到今天仍有争议。这些照片偶尔具有标志性的潜力，如同维利·勃兰特的下跪。合影有如难民磁铁的说法已被多项研究反驳；大多数难民在逃离时并不知道这些照片。他们逃到德国并不是因为默克尔笑得如此迷人，而是因为他们忧心自己的性命。通常被忽视的是，传遍世界的并不是拍摄本身，而是拍摄的照片，是记录默克尔看向手机摄像头那一刻的专业照片。最著名的是摄影师贝恩德·冯·尤切岑卡（Bernd von

Jutrczenka）的作品，这位特别专注的观察者还记得沙克·克迪达（Shaker Kedida）掏出手机时的确切场景。他不相信是默克尔自己要求合影的："我倒是觉得，如果她没有以开放的姿态向人们打招呼，就直接冲进去，会让人觉得不舒服。当然，她也没有站在那里说：现在就过来吧。这是一种自我气场。人们只是在周围观望看热闹，而这个瘦小的男人真的溜了过去，跟她攀谈，说：你好，我是来自伊拉克的雅兹迪人。他表达了对默克尔的钦佩，感谢她，而她只是听了一会儿，你看不到他是如何迅速拿出手机，把默克尔女士拉向他。但你从总理的手可以看到，尽管距离很近，但她仍然保持着一定的距离。"

通过这些展示合影者的照片，即通过这些合影，默克尔再次将自己与德国的主流形象，与致力于难民的政治和社会进步力量同步。她非常清楚，这些图片也蕴藏着潜在的政治风险。9月15日，她在新闻发布会上说："我必须很诚实地说，如果我们现在开始不得不为在危急时刻表现出友好的一面而道歉，那么这就不是我的国家。"如果人们也这么想，那么德国这些天就一直是一个巨大的合影，一张集体照，人们争论谁能入镜，如何看镜头，以及德国看起来像什么。与大多数合影中疲惫不堪、美化某个时刻并发出一个精致的自我信息的倾向相反，这些固定下来的瞬间代表着深刻的政治动荡过程。我们想成为谁？谁又在其中？我们学到了吗？

彼得·陶伯终究在两年后得到了他和总理的合影。2017年联邦议会选举之后，基民盟/基社盟损失惨重，但仍是最强大的力量，竞选团队坐在康拉德·阿登纳之家，疲惫不堪，但还是对胜利充满了信心。突然，总理转身对陶伯说：现在我们来拍张合影吧！

据了解，总理只在纽约举行的2019年联合国气候峰会上主动要求拍过一次合影。当时格蕾塔·通贝里（Greta Thunberg）正在准备演讲，默克尔走到她身边，请她一起拍张合影，她想在Instagram上发布这张照片。格蕾塔事后对这一要求发出了痛苦的抱怨，因为不仅默克尔要求与她合影，来自世界各地的女王、总统和政治家，都在默克尔身后排起了长队。这种喧嚣剥夺了她准备演讲所需的平静。当她开始演讲时，愤怒、不安而且喘不过气来，默克尔，这位前环境部长，也是"气候总理"，一定也感觉到演讲所及："我想要传达的信息是，我们正在关注你们。这都是错误的。我不应该在这里。我应该回到大洋彼岸的学校。而现在你们来找我们这些寻找希望的年轻人。你们怎么可以这样！你们用你们的空话偷走了我的梦想和我的童年。而我仍然是其中一个幸运儿。人们在受苦，人们在死亡。整个生态系统正在崩溃。我们正处于大规模灭绝的初期，而你们所谈论的只是金钱和经济增长的童话。你们怎么可以这样！"

格蕾塔·通贝里和默克尔的合照说明了很多问题。从活动积极分子的目光中，我们看到的是一种警觉的怀疑，格蕾塔的整个身体显示出谨慎和距离。当默克尔微笑着扭身，身子前倾的时候，格蕾塔却在逃避。她可能会想，她怎么会这样靠近。

故　乡

　　关于故乡是什么，有不同的想法。固体？液体？气态的？带有感情的？一棵树、一个藏着爱好的地下室、一片草地、一个湖？还是一次谈话、一顿饭、一个手势？丢失故乡的次数比找到故乡的次数多得多，这种感觉总是在变化。2008年9月11日，总理访问斯图加特的奥斯特海姆实科中学。这里的大多数学生来自移民家庭。当她进入学校的课间休息区时，这里就像一个流行音乐会现场一样嘈杂。"这比摇滚乐队东京旅馆（Tokyo Hotel）还糟糕"，一位官员惊呼。手机挂在脖子上，争相与总理合影，尊贵的客人与一百只欢快的手握在一起，还在裸露的前臂上写下自己的名字。新闻界的摄影师和摄像师也争相抢夺最好的影像，然后他们不得不留在后面，总理不希望有任何媒体跟随进入教室。虽然这是一次例行的安排，但这次会有所不同。她正在进行教育之旅，访问中学、大学和教育机构。反对派批评道：纯粹是形象政治，漂亮的图片背后没有任何东西，投入资金太少，教育是国家层面的事情。

学生们并不在意，他们很高兴，默克尔也很感动，她在这一天接受教育。8a班的埃伦（Eren）被指派写一篇关于这次访问的文章，这篇文章以后将发表在学校的网站上。埃伦写道："他们的下一站是众多项目中的一个，与何塞·奥利维尔和来自9a班和10b班的学生一起进行'诗歌'创作。他们向默克尔女士解释了这个项目是什么，他们做了什么，以及他们如何写诗。9a班的斯南（Sinan）将他的足球诗献给了默克尔女士，因为默克尔在德国国家队获胜或进球后非常高兴，斯南让我们的总理非常满意。随后就轮到默克尔女士了，她必须用一句话写出故乡对她意味着什么。她不假思索，写下了她是如何在东德长大的。"默克尔在这里参加的写作研讨会是由何塞·F. A. 奥利维尔负责的。他是一个所谓的客籍工人家庭的儿子，1960年从马拉加移民到德国。奥利维尔在许多种语言环境中长大，有德语、西班牙语和阿勒曼语。西班牙人的黑森林，黑森林中的西班牙人，故乡在两者之间融合。他印象中故乡的一部分还在于，他用德语向移民的孩子们讲诗歌，用一种剥离日常生活的语言。没有分数，也没有管束。

这节课很快就结束了，总理又匆匆赶往下一个日程安排的活动。埃伦写道："默克尔女士说，她在我们学校学到了很多东西，她不会忘记我们学校的。然后到了离别的时候。默克尔女士面带微笑地上了车离开。她的来访让我们既高兴又自豪。这是一件令学生、教师、秘书和学校管理层都不会忘记的事。"

当总理说她不会忘记那一天时，这并不是一句空话。两年后，2010年10月4日，在德国统一日的第二天，默克尔在柏林介绍了黑森州前州长罗兰·科赫（Roland Koch）的书，书名为《保守》。为什么偏偏是她？她，曾遭到科赫的激烈反对；她，在

2002年被他批驳没有竞选总理的能力；偏偏是她，在所有的人中，被他关起门来用各种不敬的表达方式对待；偏偏是他最喜欢的敌人，现在正在介绍他的书？而在1999年黑森州的州议会竞选活动中，不正是罗兰·科赫收集了反对双重国籍的签名，从而激起了仇外情绪吗？"我在哪里可以签名反对这里的外国人？"这个问题在基民盟的一些竞选站上都有人问。反对双重国籍的运动是一次阴暗的权力操纵，扰乱了社会和平，使融合性共存更加困难。发起这项运动的埃德蒙·斯托伊贝尔希望以此瓦解沃尔夫冈·朔伊布勒的领导权，他想攻击推出现代移民法的红绿联合政府，他想把选民从右翼极端主义政党中撬走。根据红绿联合政府的提案，某人是谁的后代（血统原则，ius sanguinis）不再是决定性的，而是他或她的出生地（出生地原则，ius soli）。由于他们反对外国人和移民的宣传，基民盟/基社盟在联邦参议院（Bundesrat）淡化了这一更现代的解决方案，并将模糊的选择模式强加到红绿联合政府提议的法案中。根据这一模式，在德国出生、父母为外国人的儿童最初获得两个公民身份，但到23岁时必须在加入德国国籍与保留其父母所属国籍之间作出选择。这引发了身份认同的冲突，阻碍了融合，并迫使国民性走向明确性，故乡问题在文化间的对话上存在两者可选的情况。具有多元文化背景的奥斯特海姆实科中学的学生们，如果意识到基民盟/基社盟政治家默克尔对选择模式的看法，可能会对他们的总理相当失望。埃伦对总理记忆犹新，他可能也受到了选择模式的影响，可能会不得不决定到时是做德国人还是土耳其人好。

就在2010年秋默克尔介绍她的老对手的书的这一天，她更像是一个和解的政党政治家，而不是一体化的倡导者。她回顾了科赫对双重国籍的攻击，并没有与之保持距离，不，完全没有，她反而认为，"获得公民身份是一个过程的终点，公民身份不是简单地以双重国籍的形式给予的，然后你可以这么说，看看它变成了什么"。

　　然而，在这一天出现在柏林媒体面前的这位政党政治家并不仅仅是默克尔。她可能只有一个公民身份，但今天作为德国人意味着什么，一个人如何定义故乡，是否只有一个地方能承载和容纳我们？默克尔谈到了科赫的故乡概念，在她的讲话中，她很直接地回顾了她对奥斯特海姆实科中学的访问活动："在这一点上，我想讲一个故事，在我去巴登-符腾堡州的教育旅行中，斯图加特的一所学校令我印象深刻。有一堂特殊的文学课，有一位作家和一位老师，在这个班级里，有很多孩子具有移民背景，他们必须用几句话写下故乡是什么。我写了人们可以在我的故乡找到的东西：湖泊、森林和教堂塔楼，其他人也写了他们的东西。有移民背景的孩子没有一个选择风景或建筑物，而是全部选择了朋友、家人、在家里、睡在自己的床上。没有一个孩子说出城市或风景区的名字。这让我想了很多，也给我提出了一个问题，我们是不是应该在更大的范围内再次讨论这个问题？对某人来说，故乡是什么？"人们在这里感觉到，即使回想起来，政治家也对学生们讲述的这些非常不同的故乡的故事感到惊奇，甚至感动。她毫不犹豫地定义了她的故乡：风光、建筑！这都是整齐划一的啊！学生们写的更加灵动，更加开放，也更有包容性，并不局限于某一地点，而是更多的……是的，对某地有感情，注意到某地的多样性，熟悉的地方。换句话说，这是一个情感的和社会的地形，而不是一种国民建筑的地形。这里是否缺乏地点和身份认同？它是一个空白点吗？还是说这是一种自身的丰富性？这到底是缺乏整合，还是让德国的叙事更加多样化？

保守人士认为，默克尔对德国的印象，她的故乡概念，实在太清醒，太没有激情，是的，有时近乎滑稽，以至于人们不确定她是在模仿人设期望，还是说她是认真的？"没有哪一个国家能建造如此密集、如此美丽的窗户。"她曾经这样说过，这听起来至少很搞笑。而当被问及故乡是什么味道时，她干巴巴地回答："土豆味！"

在担任总理的这些年里，默克尔对故乡的印象发生了变化；它变得更加繁华、更加多彩、更加丰富、更加开放。这都归功于她在斯图加特学校或者2008年总理府的一次活动等经历。默克尔任命基民盟的玛丽亚·伯默（Maria Böhmer）为总理府国务部长，她将作为联邦政府专员处理移民、难民和融合问题。这是联邦共和国历史上第一次设置所谓的外国人事务专员（这是一个多么德意志，多么笨重、充满障碍、排他的词语啊），这个职务直接在联邦总理府找到了自己的位置。与默克尔关系密切的玛丽亚·伯默负责处理融合问题。2008年秋，她有一个让总理兴奋的主意。她邀请200名第一代"客籍女工"到总理府，对她们表示感谢并记录下她们的故事。默克尔后来经常回忆起这次出乎意料的经历，她对那些受邀者表现出来的感激之情感到尴尬。当她听到这第一代人仍然生活在篱笆后面，住在集体宿舍里，除了工作场所之外，几乎找不到与德国日常生活的任何联系时，她感到多么羞愧。默克尔说，很少有什么事情能像这次访谈和随之而来的故事一样在情感上打动她。当来自土耳其或西班牙的人们去火车站看铁轨时，那些个星期天是多么漫长而令人惆怅。铁轨唱出了遥远的故乡，而那一刻又几乎是遥不可及的，尽管如此，这些铁轨也构成了一条通道，联系起外国和遥远的家园，联系起未来和过去。

选择义务，即必须在两个公民身份之间作出选择，在2014年的第二次大联盟中被取消；主要是社民党推动了这一点。然而，在此期间，默克尔也学到了一些东西。2016年，当基民盟/基社盟中的保守势力再次动员起来反对双重国籍时，她投出了有力的反对票。尽管党员大会随后决定违背她的意愿重新提出选择义务——这对党主席来说是一次惨败——但在联邦议院中却得不到多数支持者。两年后的2018年，总理进行了自我批评："我们花了很长时间——我站在这里代表一个政党，它花了特别长的时间——认识到我们是一个移民国家，即使许多人仍然觉得难以理解，特别是在全球化的背景下，社会多样性是多么大的一股力量。"

在此期间，默克尔还发现了她自己的双重移民历史，她的祖父是波兰人，而她自己作为东德人移民到了统一后的德国，可以说是移民到了基民盟。她在很长一段时间内一直都认为自己是个外国人。基民盟土生土长的党员们，那些大大小小的重要人物，不止一次地让她觉得自己只是一个来自非常遥远的国家的移民。许多人仍然像阿登纳那样思考，对他们来说，"亚洲大草原"始于易北河外。另一方面，对默克尔来说，当她站在波恩火车总站时，这条铁轨通向故乡，通向柏林，通向乌克马克，通向滕普林。

2019年2月8日，默克尔被家乡滕普林市授予荣誉市民称号。她在市立法会中只得到三分之二的票数，并非全票通过。对此，她平静接受。那天她明显地被感动了，青少年时期的老朋友们都来了，还有她的母亲、她以前的数学老师和俄语老师。这位荣誉市民作了一次演讲，这是一次穿越时空之旅，它清楚地表明，没有什么是不变的。赫林德·卡斯纳一直活跃到最后，她在90岁时仍在社区进修学院开设英语课。当难民来到滕普林时，她还义务给他们上过德语课。在滕普林市政厅举行这个仪式之后仅两个月，赫林德·卡斯纳就去世了。公众没有注意到的是，总理为她垂死的母亲花了很多时间。在那之后，滕普林对她来说将是一个不同的地方，这个世界也将如此。

她个人的故乡仍然是乌克马克，霍恩瓦尔德（Hohenwalde）离滕普林不远，她儿时经常到那里旅行，现在她在那里拥有一座周末别墅。在那里，鹅卵石还是像往常一样，森林和湖泊环绕着人们，还是和原来一样。年轻人搬走了，孩子们不见了，死去的人不在了，每个人都在变老，时不时还有人在杀鸡。这就是霍恩瓦尔德，一个仿佛是无声小说中的村庄。

无论谁当总理，都是共和国财产的一部分。他或她无法抗拒，被变成各种样子，可能是土地，可能是客体，可能是事物，可能是办公室，可能是历史，可能是事实，可能是感觉。作家雅娜·亨泽尔（Jana Hensel）是这样记录这种感觉的："我对德国的感觉，确实如同安格拉·默克尔的感觉。我像房子里的其他人一样有如此感觉，我就像孩子一样自然地生活在其中。多年来，它已经变成我的第二层皮肤。这不就是我们所说的故乡吗？这不正是我们一直在寻找的，我们所渴望的吗？这与爱国主义无关，安格拉·默克尔从来不适合男性爱国主义。"

新 的 故 乡

在国务部长玛丽亚·伯默时期已经开始的工作——邀请第一代和第二代"客籍工人"到总理府——在她的继任者社民党人艾丹·奥佐古兹（Aydan Özoğuz）的领导下继续进行。因此，在德意志联邦共和国的历史上，第一次在总理府的这次活动中提供了阿拉伯-叙利亚自助餐。一位参加者记得有这样一张照片，它非常有意义，也因此触动了她，因为她自己也有移民史。在那里，德意志联邦共和国的所有总理都是全身心投入，并认真地看着参观者，大型自助餐就设置在一楼。一个叙利亚难民家庭曾在老家经营一家餐馆，现在负责提供食物，也搭起了为数不少的美食摊位，提供阿拉伯世界丰富多样的美味。戴头巾的妇女友好地提供了烤串和点心。从阿登纳到施罗德的七位总理看起来仍然显得很严肃。与此相反，女总理从一个摊位逛到另一个摊位，这里拿一点，那里拿一点，夸了夸又尝了尝，这里发出一声"好吃"，那里发出愉快的用餐声。这名女观察者不禁问自己，为什么只有这位女总理想出了这个主意，来感谢那些帮助建设德国的人呢？是什么阻止那七个男人这样做呢？

绍尔博士收集的沉默

2005年夏天,当默克尔成为联邦共和国第一位女总理似乎已成定局的时候,人们开始关注她的丈夫。我们所知道的一切几乎都可以追溯到那个时代。记者们蜂拥而至,然后几乎都是空手而归。

约阿希姆·绍尔是默克尔第二任丈夫。20世纪80年代初,他们在柏林的科学院中央物理化学研究所相识。究竟具体是什么时候?不详!他们什么时候在一起的?还是不详。他们在1998年结婚。只在《法兰克福汇报》上刊登了一个小小的婚礼公告。其他都不详。至少有一名女记者设法让霍恩瓦尔德的一个相当暴躁的女村民开口了。对话的句子很短,那名女子刚宰好鸭子回来,这就是为什么她身上有羽毛的痕迹。"在村子里,"沉默寡言的女子说,"他们时不时抱怨绍尔。"——"为什么?"——"因为他从来没有说过什么。"——"从来没有?"——"没有!"——"他什么时候什么都不说呢?"——"在上次村里的庆典上。"——"什么话也没说?"——"他默默地坐在他的妻子旁边。"

有一件事是肯定的：绍尔教授不是势利小人。因为他2005年前往拜罗伊特，在联邦总统旁也表现出同样紧张的样子。一位尊贵的女士亲切地对他伸出饥饿的耳朵，问道："您是默克尔女士的丈夫?"——"是的!"她追问道："那您是化学家还是物理学家?"教授道："化学家。"这位女士紧追不舍："在自由大学还是在洪堡大学?"——"是的!"教授答道，于是这位女士决定把耳朵追上去。

绍尔教授沉默不语。新闻媒体把他称为"幽灵"或"歌剧魅影"，因为人们在歌剧中只见其身，不闻其声。在谈到她的丈夫时，默克尔也惜字如金，奥巴马喜欢称他为"教授"。这位从第一次婚姻中带来两个已成年儿子的顶尖科学家是世界上该领域最棒的研究人员之一。绍尔教授会说话是有目共睹的，不过那也只是在他想说话的时候才会说。而且在公共场合也只有在不涉及政治的情况下他才会说。默克尔女士证明了她能说会道，但当涉及她丈夫时，她变得沉默寡言了。即使是最无情的脱口秀主持人也只能从她那里得到一点点可怜的面包屑。他们中最无畏的人曾经从她口中套出这句话："我的丈夫是个了不起的人。"进一步的了解是，这个出色的家伙几乎没有抱怨过她做的食物。"只是……"总理补充道，观众们深吸了一口气，"他觉得蛋糕上洒的粉总是太少。他毕竟是一个点心师的儿子。"难怪面对公然违反婚姻责任的行为，如因疏忽造成的洒粉过少，夫妇之间正在酝酿严重的危机，新闻也预感到了灾难。一个女人寻求其他替代这种酸溜溜[1]的面包屑狂热者的办法，这难道不可以理解吗?

---

1 "绍尔"在德语里是"酸"的意思。——译者注

尼古拉·萨科齐（Nicolas Sarkozy）也是一位无畏的脱口秀主持人，他在2008年于亚琛向女总理授予查理曼奖时认为，他必须以这位沉默的教授为代价来找点乐子。"对我来说，能够与安格拉·默克尔携手合作是一件非常幸运的事。绍尔先生，在十二个月内，我们已经见过十二次。而且考虑到她的繁忙日程，绍尔先生，比较一下我们与她见面的次数将是令人激动的。"早已不知战争为何物的两国外交官一听此话，顿时惊恐万状。绍尔先生仍然沉默不语。没有什么能迅速地撼动他。

我们和这位第一丈夫在一起是否很不走运？不，这位教授是这个国家的幸运。让我们回想一下所有男性政客为吸引选民而表演虚假的家庭田园剧。纯洁的孩子，贤惠的妻子，这些都是竞选海报，特别是保守派政客试图说服选民的海报。如果我们想到赫尔穆特·科尔家庭的不幸——至今困扰着我们——如果我们想到被政治毒害的汉内洛尔·科尔（Hannelore Kohl），她是我们这位伟大的总理不知疲倦的竞选斗士；如果我们想到多丽丝·施罗德-科普夫（Doris Schröder-Köpf），在她丈夫身边也是一位雄辩的政治家，那么我们必须感谢约阿希姆·绍尔，因为他身上所有的话语都被遗漏了。他默默地为我们提供了服务。这是心理政治卫生的一种行为。他保持沉默不是因为他不能说话，而是因为他的每句话都会变成对总理的注释。我们是否错过了他在某处作为赞助人的角色？他是从海报上消失了吗？我们是否愿意看到他在选举胜利后把头温柔地依偎在她的肩膀上？他是否未参加兰茨的节目？其他国家的妻子们是否因为他没有参加女士们的节目而受到永久性的伤害？我们已经免去了第一夫人剧院的工作。有一天，一位记者突然转向教授，问他是否为他的妻子感到骄傲。

"可以很骄傲。"他回答道，避免嘴里说出"我"。人们当然可以说，默克尔和约阿希姆·绍尔是相互向着对方，而不是相互远离的彼此解放。他们拥有不分彼此的生活，而他们一起的生活也是很私人的。在这个媒体不断和过度兴奋的社会中，他们能保持这种状态，是一个中等规模的奇迹。

这也是性格的一种表现。

但是——生活中的每件事都有多个侧面，往往在坚决的意图下出现完全相反的情况。2005年11月22日，默克尔宣誓就任总理时，教授不见了。绍尔在哪里？即使不是全国，也有一半的人在问。之后，他的妻子在一个小圈子里以她自己的干脆方式表示："如果他不想成名——他现在已经做到了。"

穆勒的乐趣

德国人是一个热衷于徒步的民族，可以说他们发明了现代徒步旅行。作家约翰·戈特弗里德·佐伊梅（Johann Gottfried Seume）是这种开启世界和自然的旅行方式的先驱人物，他在1801年至1802年撰写的《步行至锡拉库扎》中告知读者他步行了近六千公里，其间只是偶尔乘坐马车或骡子。佐伊梅有一句名言："人在哪里唱歌，哪里就让你自在，坏人无歌。"仅凭这一点至少可以证明默克尔不可能是个坏人，因为她喜欢唱民歌："只要有机会唱民歌或其他类似的歌曲，我就喜欢唱。"当今的默克尔研究虽然还没有成功地证明总理在何时何地唱歌，但还是有一些线索的。大家都一致认为，在内阁里她不会唱歌，但据说她在做饭、徒步旅行、进行园艺活动和在浴缸里都唱过歌。必须承认，专家们在这里走入了死胡同，因为到目前为止，他们还没有成功地查明，唱歌的女总理是在国内的还是在国外的浴缸里唱歌，或者她是只在家里唱民歌，或者相反，只在国外唱，还是在这里和那里的浴泡里都唱。正如你所看到的，未来几年仍有许多工作要做。可以肯定的是，总理在空闲时间是一个充满激情的徒步旅行者，她走的是自己的路，但这只有在我们总体回顾徒步旅行在政治中的主题时才能弄清楚。任何想评估默克尔在这一象征性政治领域的贡献的人，都必须至少追溯到康拉德·阿登纳。

作为一名稚气未脱的学生和徒步爱好者，阿登纳来到威尼斯时心情很愉快，即使是这位90岁的总理也知道如何在他位于科莫湖畔卡德纳比亚的度假屋里用俗气的行酒歌来谈天说地：最好是喝多了，然后重重地倒在床上，然后在安静的猫的密室里做忏悔。哈哈哈。阿登纳认为，不受欢迎的继任者路德维希·艾哈德（Ludwig Erhard）不适合接替他的总理职位，因为他认为艾哈德太软弱，肚子太大，脑袋太小。艾哈德也不适合徒步，因为他在两岁时患上了小儿麻痹症，从那时起就有一只脚变形了；任何较长的徒步路程对他来说都很困难。相比之下，共和国第三任总理基民盟的库尔特·格奥尔格·基辛格（Kurt Georg Kiesinger）的脚力很好，不仅喜欢徒步旅行，而且喜欢让世界知道。博学的基辛格有一个绰号是"行走的调解委员会"或"银舌王"。即使在徒步旅行时，他也会绞尽脑汁地考虑如何能使他作为前纳粹党员的形象更加亮丽。这位大联盟的第一任总理，因此在这方面也是默克尔的前辈。由于热爱大自然，他对氛围和美景也有一种直觉。给德国人森林，他们就会成功。有一次，他召集内阁成员在一个温暖的夏日到沙姆堡宫的花园里开会，还有一次是在总理度假的时候，他邀请联盟的谈判代表在附近的一个湖里游泳，以解决冲突。徒步者基辛格突然停下来，朗诵夏季歌词，如"我由心出发，找乐子去，就在这个可人的夏季"，也是可能发生的。在这种情况下，总理的妻子玛丽-路易丝·基辛格（Marie-Luise

Kiesinger）不应忘记。她可以不折不扣地被视为沉默寡言的约阿希姆·绍尔的前辈，因为她也几乎不露面，喜欢咬文嚼字而不谈论她丈夫的政策。尽管如此，毕竟还有一个双边反抗需要报告，基辛格夫人在回顾时还对此表示赞赏。1967年暑假期间，库尔特·格奥尔格·基辛格又沉迷于徒步旅行，基辛格夫人第一次坐到大众敞篷车的方向盘边上，干巴巴地说："新鲜空气的重要性被大大高估了。"然后飞驰而去。据报道，总理被这种对婚姻的反抗深深地震撼了。

也许这种不服从命令的行为也预示着基辛格即将败北，因为在1969年，副总理维利·勃兰特咆哮而去。尽管当时的基民盟/基社盟明显比社民党更强大，但勃兰特还是与严重不协调的自民党组成了联邦共和国第一个社会自由联盟。维利·勃兰特年轻时脚力相当好，但作为政治家，他失去了徒步的乐趣。关于赫尔穆特·施密特和徒步的篇章甚至更短。施密特觉得，自己作为一名士兵行军已经足够了。这当然就让人怀疑，徒步旅行是否是军事行进的初级阶段，特别是在1945年之后，徒步旅行并不是一种无声的转变，而是对那些不得不徒步旅行但不再想开拔去其他什么地方的德国人作出的裁军援助。当上帝想给某人切实的好处时，那就派他去广阔的世界。然而，有时候，徒步既是战争，也是和平。

那些在公众场合四处游荡的政客（这本身就是矛盾）至少总是在进行宣传。你们看过来啊，我脚踏实地，脚力不错，吃苦耐劳，平易近人。这名被一群快乐的、面向未来的公民所簇拥的政治家，看起来就像是摩西带领他的人民走向应许之地。这些摩西的信徒总是把目光放在下一次选举上，目标指向选票。在这种情况下，可以说那些徒步的人也用脚投票。因此，与政治家一起徒步通常是一种提前投票。联邦总统天生就是徒步旅行者，因为他们想维护自己的形象，但也想——超越政治阵营——使国家，也许还有民主强大起来。瓦尔特·谢尔（Walter Scheel）作为一位受欢迎的联邦总统，其声誉归功于一首有关徒步文化的流行歌曲——《登上黄色马车》，而他的继任者卡尔·卡斯滕斯（Karl Carstens）首先想以徒步的方式摆脱他以前的纳粹党员标签，同时也想营造更加良好的氛围。他在这两方面都取得了令人印象深刻的成功。弗朗茨-约瑟夫·施特劳斯（Franz-Josef Strauß）和赫尔穆特·科尔之间通过徒步旅行进行联络的方式也令人印象深刻，众所周知他们都认为对方是彼此政治的铆钉。一方面，他们的联合徒步旅行对公众来说是明显的表演，旨在证明一起徒步旅行的人不会在他们的罩袍中携带匕首。另一方面，党派战略家们真的相信，这个德国人步行的灵魂人物可以帮助在森林和远足的和谐中团结对手，为联盟的利益服务。这只是短暂的成功，并不令人惊讶。毕竟，科尔曾经被允许抓住完全松弛的巴伐利亚人，把他背到最后50米处的林务员小屋，在那里可以用啤酒来稳定这位几乎失去意识的州长。今天的远足英雄离这样的身体状态相去甚远。当马库斯·索德（Markus Söder）或塞巴斯蒂安·库尔茨（Sebastian Kurz）去徒步旅行时，总是为了登顶，并声称要用"自我"取代明亮的蓝天。我在哪里，天就在哪里，无论空气多么稀薄。如果太阳能和他们一起合影，会很感激。

而默克尔则喜欢在无想象力的空间里徘徊。与前面提到的山上的齐格弗里德[1]演员相比，她在蒂罗尔州徒步旅行时没有媒体

1　德国史诗《尼伯龙根之歌》中的英雄人物。——译者注

随从。人们不由自主地想，她曾经提到的最喜欢的两种动物——蟾蜍和蝙蝠，是否代表了一种希望不被注意的文化，代表了一种不被关注的私人生活。上帝的兽皮书中的炫耀者看起来是不同的。任何看过默克尔在蒂罗尔州徒步度假的照片的人都不会认为，这些照片是刻意表演出来的，或者像最老练的评论家所说的那样，这些照片是通过不表演来表演的。默克尔就是默克尔。在这些照片中，默克尔就像一个游客，一个坚定的普通的倡导者，甚至人们都想独自解除那些拦在道路上的摄影师的武装。她在度假时并没有预订这些摄像机，而是这些摄像机冲向她。她也不在乎为户外和徒步旅行产品目录充当模特。她似乎总穿着同样的衣服，在岁月和时间中徒步。

当她开始在南蒂罗尔州度假时，莱因霍尔德·梅斯纳（Reinhold Messner）有时会出现在她的身边。于是，在2006年，人们看到他们一起在雷特山（Monte Rite）的山顶上。这名登山者作出典型的指向和抓取空间的手势，典型的统帅手势。人们在默克尔身上是不会看到度假时的这种手势的。她还告诉她的登山向导有关体育和政治的对比：默克尔很坚韧，这不仅体现在山上，而且还体现在她周围的政治事务中。人们不会这么容易就把她打垮的。她的头脑保持清醒的时间比别人更长，思路也更清晰。她的耐力也一直很好。她基本上没有时间为这样的旅行进行训练——如果人们考虑到这一点，那就意味着她的状态很好。女总理是一个后英雄主义的行者，她不希望身边有一个社交媒体团队，也不希望有任何符号。她，从来不是一个优秀的运动员，在这里也不像一个田径运动员。她徒步是根据自己的速度，跑步则不是。钟爱跑马拉松的福尔克尔·施隆多夫曾试图激励她去慢跑，于是默克尔在总理府的花园里跑了几圈，但这种持续的、近乎令人喘不过气来的单调生活可能不是她喜欢的。基本上，默克尔从最佳意义上来讲是一个具有浪漫主义追求的徒步者，追随着约瑟夫·冯·艾辛多夫（Joseph von Eichendorff）的脚步，也符合他的诗歌《平凡的徒步》（*Allgemeines Wandern*）的风格。

> 从地面到山顶，
> 目光所及。
> 现在所有的树梢都开花了，
> 现在流浪开始了：
>
> 石缝中的泉水，
> 绿色平原中的溪流，
> 空中高飞的云雀，
> 蓬勃向前的诗人。
>
> 那些在山谷中颓废的人，
> 受困在沉闷的悲哀中，
> 他想招募他们
> 加入流浪的队伍。

相当不错的朋友

沃尔夫冈·朔伊布勒和默克尔，这就是伟大的德国电影。一部惊悚片，一部剧情片，一部悬疑片，一部伙伴片。伙伴片是指片中两人离不开对方，一起经历无数次的冒险，彼此风雨同舟，但同时又在折磨和纠缠对方，发展出相当大的才能。电影史上著名的搭档有斯坦·劳雷尔（Stan Laurel）和奥利弗·哈迪（Oliver Hardy）、杰克·莱蒙（Jack Lemmon）和沃尔特·马修（Walter Matthau）或皮埃尔·理查（Pierre Richard）和热拉尔·德帕迪约（Gérard Depardieu）（《霉运侦探》[1]是他们的成功作品之一）。当我们谈及法国人的话题时，默克尔和尼古拉·萨科齐也可以暂时算作一对好友，这么说是因为总理为与法国人的第一次会面做了准备，其中包括她与路易·德·菲奈斯研究了一些喜剧，以便为这位法国政治家的浮躁波动做好准备。看看，又和电影联系起来

---

1 该法国喜剧片原名为 *La Chèvre*，本意是"山羊"（傻瓜），1981年出品。剧情梗概是：一名法国大老板的女儿在墨西哥旅行时失踪了，私人侦探坎帕纳受托寻人未果。于是有人建议，由倒霉蛋佩林和私人侦探搭档，一定能找到不幸的老板女儿。这样，两人的冒险开始了。——译者注

了。再回到朔伊布勒和默克尔。2012年在和他们一起去电影院之前，我们必须回顾一下，因为他们的生活影片太长，而且充满了周折，也就是尖锐的转折。

在1990年的联邦议会竞选活动中，默克尔迈出了她作为政治家的第一步，而沃尔夫冈·朔伊布勒则是作为健康人迈出的最后一步。一个患有精神疾病的刺客用三枪将他击倒，他在生与死之间徘徊。之后，朔伊布勒重返政坛，但他从此不得不坐在轮椅上。他已经是一个传奇，而默克尔仍是一个学习者。她成为部长，他则接替赫尔穆特·科尔。在格哈德·施罗德完全击溃他之后，他于1998年带着湿润的双眼离开。新的党主席朔伊布勒寻找一个忠诚的秘书长，并找到了默克尔。"她是第一位担任该职位的女性。不要高估她，但也不要低估她。"据说在朔伊布勒问及这位前政府发言人的才能时，洛塔尔·德梅齐埃这样说道。

1999年12月，朔伊布勒不得不承认并忍受其秘书长的政治权力才能。当时，默克尔在他不知情的情况下在《法兰克福汇报》上发表评论文章，建议基民盟从老"战马"科尔那里解放出来，学会自力更生，基民盟才有可能重新站起来。朔伊布勒也在这一献金丑闻的漩涡中沉沦，默克尔则成为他的党主席继任者。

在2004年寻求新的联邦总统时，默克尔实现了政治权力的杰作。她推举霍斯特·科勒担任联邦总统，而沃尔夫冈·朔伊布勒这个权力人物则被她推到了棋局之中。国际象棋，就是王和后的游戏。在以微弱优势赢得联邦议院选举后，默克尔于2005年任命沃尔夫冈·朔伊布勒为内政部部长，2009年任命其为财政部部长。朔伊布勒想知道她是否真的想让他担任财政部部长，这是一个关键的职位，尤其是在危机中。

"您了解我。我很不舒服。您可以相信我的忠诚，不过您知道您在做什么吗？"

"我知道！"

"那就没问题了！"

默克尔和沃尔夫冈·朔伊布勒对彼此都很了解。他们喜欢对方原因是，他们总是设法给对方带来惊喜。2010年秋季，财政部部长连续几周不在状态。旧伤未愈，其他麻烦接踵而至，以致朔伊布勒觉得现在很难行得通了。他多次向总理提出辞呈。默克尔拒绝了他的辞呈，并说她需要他和他在欧洲的权威。朔伊布勒挣扎着。然后，总理拿起电话，打给朔伊布勒的妻子英格博格。她想请英格博格和她的丈夫谈谈，劝说他放弃辞职的念头。我需要他，我们需要他。他应该花足够的时间来充分康复，然后回来。是的，这让这位议会元老和压舱石感到惊讶，他不知道，这对沃尔夫冈·朔伊布勒来说是一剂灵丹妙药。他回心转意了。

他们在一起还有很长的路要走，全球金融危机、希腊危机和2015年夏末的难民危机。处于事件中心的总是这两个人：默克尔和朔伊布勒。如果有人能支持她，那一定是他，如果有人能推翻她，那还是他。有时他听起来像一道神谕，就像山上的老人，又像一个罩袍里藏有匕首的人。

2012年1月5日，法国喜剧片《相当不错的朋友》在德国电影院上映。莱茵河两岸的人们都一致认为，这是一部不可错过的影片，也是一个疯狂的故事。一个几乎完全瘫痪的坐轮椅者，非常富有，属于中产阶级，寻找一名护工并找到了一个朋友。他是一个移民，一个游手好闲的狡猾的人，来自郊区。坐在轮椅上的公子哥儿，对生活感到厌倦，在他的帮助下获得了面对生活的勇气。

朔伊布勒夫人已经看过这部电影了。

总理："我们一起看电影吧？我还没有看过。还是说我们一起去电影院会很傻？"

财政部部长："您一定要问您的丈夫吧？"

两人选择了亚历山大广场上的一家电影院。没有爆米花。在黑暗的掩护下，他们基本上没有被人发现。保镖们轮流上阵。当他们离开电影院时，才有一个年轻人和朔伊布勒搭话。所有事情他都处理得当，干得不错。总理则无人理睬。之后，他们去酒吧喝啤酒，观看拜仁的冠军联赛下半场比赛。他们还聊起刚才和那个年轻人碰面的场景，两人哈哈大笑，因为这个小伙没有发现总理，没有料到她会来。谈到人们有限的感知能力，他们又笑了，笑的是人们大多只看到他们所期望的和他们所了解的。

默克尔和沃尔夫冈·朔伊布勒之间的游戏仍在继续，直至结束。她对希腊的政策？他认为是不对的！她的难民政策？他认为也是不对的！她的继任者是克兰普-卡伦鲍尔（Kramp-Karrenbauer）？他支持弗里德里希·梅尔茨（Friedrich Merz）。沃尔夫冈·朔伊布勒在德意志剧院举行庆祝75岁生日的活动。总理到场发言。而演员乌利·马特斯（Uli Matthes）朗诵了图霍尔斯基（Tucholsky）和弗里德里希·席勒的《担保》（*Die Bürgschaft*）。

> 达蒙偷袭了暴君狄奥尼斯，
>
> 他的袍子里有一把匕首；
>
> 一帮捕快殴打了他。

"你拿匕首做什么，说！"暴君幽幽地问道。

"将城市从暴君手中解放出来！"

"你将在十字架上后悔。"

朔伊布勒知道匕首在哪里，但只要还在任期，他就一直是她的仆人。服务是他们的共同纽带。

炊　　锅

　　当默克尔在2000年春天当选为党主席时，她问工作人员是否可以掐她一下，因为简直不可思议。哇哦！她，这位有抱负的政治家和她的团队，这些天其实在不停地互相调侃。疯了！党主席。谁来掐掐我！然而，总理府似乎又是无限遥远，这种彗星般的上升速度似乎太不可思议了。在2000年的春天，这名来自东德的女性能够成为总理，似乎是难以想象的。

　　当默克尔在2005年出乎所有人的预料真的成为总理时，默克尔团队一定因为那么多的揉捏而手臂青一块紫一块。当选总理不久后的一天，霍恩瓦尔德的电话响了，总理周末做饭的炊锅平日里正在那里蓄势待发。默克尔女士，总理兼女厨师接了电话，电话的另一端是一位总统，我们不说是哪个国家的，反正就是一位总统。总理站在灶台上遭遇了炒菜铲和总理两者冲突所产生的冲击。她应该如何把这些东西想到一块、放到一起呢？总统的声音，他并不想向她询问汤的配方，而是关于世界的状况，以及她那相当非政治性的手艺。这对她来说似乎不真实，就像一个童话故事一样。来掐我吧。不过，最关键的是，默克尔这个政治家学会了一切皆是政治，甚至炊锅也是政治，这就是为什么今天总统打电话过来时，再也没有人会掐她了。

敢于鼓起勇气

如果在统一30多年后的今天，内部团结仍然没有成功，原来东德的国民更有可能被斥为愤怒的公民，而不是勇敢的公民，那么这可能与几十年来西德人在统一过程中缺乏改变的勇气，因而培养了对东德人根深蒂固的怨恨有关。事实上，这么长时间以来，东德人变得像西德人一直以为的那样愤怒了。

1991年的6月20日是一个不寻常的日子，尤其对于德国、德国议会和年轻的政治家默克尔来说。这一天，波恩举行了关于首都问题的投票，也是对德国的未来进行了投票。这些年来，德国联邦议院就在莱茵河畔的老水厂办公，因为那个古老的、历经岁月的大会议厅被拆除了。作为权宜之计的波恩将成为永久的首都，然后1989年11月9日，沙博斯基（Schabowski）的纸条来了。

那一天，老水厂所有的铆钉都爆裂了。仅仅一天之内，在12个小时的辩论中，有104人发言，这创下了历史纪录。几乎所有的人都只有几分钟的时间。默克尔当然不是这个汹涌澎湃的意见和争论大合唱中的决定性声音。波恩和柏林的支持者们分别动用所有的合理或生搬硬套的论据相互争辩，波恩人几乎毫无例外地僵在电视前跟着颤抖，甚至人们在柏林也紧张地等待着。大人物们正在发言。维利·勃兰特、赫尔穆特·科尔、诺伯特·布吕姆、汉斯–约亨·福格尔（Hans-Jochen Vogel）、英格丽德·马托伊斯–迈尔（Ingrid Matthäus-Maier），知名的声音没有一个缺席。默克尔的演讲几乎不超过5分钟，然而，如果人们想了解她的内部地位、她的适应性、她的变革意愿、她对民主的渴望和自我实现的机会，这次发言便很重要："总统先生，女士们，先生们！今天我们决定的是议会和政府的所在地，不多也不少。这句话在今天经常被提及。许多在民主国家生活了40年的人都这么说。我在东德生活了35年。因此，对我来说，这个决定也许是一个不同的决定；它与德国的内部团结有很大关系。今天有人说，在过去的40年里，波恩已经成为一个自信的波恩。我相信波恩完全有理由感到自信。可是，我又问自己：如果你们在这个城市，坐拥良好的基础设施，却不能为我们的新联邦州带去信心，表示你们也能承受这样的变化，那么我们的新联邦州要从哪里获得勇气呢？"部长在这里提出批评，但没有公开说西德人不愿意改变。她绝不会说，她认为旧的波恩共和国已经饱和、舒适、根深蒂固和被宠坏了，但没有人能够阻止她这样想。在这里，她说得很有分寸：东德人被要求进行巨大的变革，而他们也是带着巨大的信心进入这个过程的。可是，如果西德人面对一个相当小的建筑工地，已经缺乏勇气和信心，那么德国人作为一个整体驶向未来的燃料又从何而来呢？默克尔已经理解了坦克雷迪（Tancredi）在朱塞佩·托马西·迪·兰佩杜萨（Giuseppe Tomasi di Lampedusa）的小说《豹》中充满矛盾的见解："如果我们想让一切保持原样，那么一切就必须要改变。"默克尔发生了根本性的变化，因此能够在许多内在观点上保持自我。

丧礼和婚礼

每口棺材都会形成自己的引力，它的拉力取决于谁接近它。2017年7月1日，当默克尔在斯特拉斯堡走到赫尔穆特·科尔的棺材前，恭恭敬敬地低下头时，她看上去好像游过了一片黑色的铅海。她的脸上有一道深深的、阴暗的皱纹。她刚才说，如果没有他，她现在就不会站在这里。没有他，她就不会成为总理。他的翻车，现在在她这里开花结果，即凝结成历史。所以她站在那里，像他平躺着那样，几秒钟的时间，而历史是最强大的掘墓人。

在斯特拉斯堡议会举行的葬礼仪式结束后，棺材被装入一架直升机，飞往施派尔，他们将在大教堂向这位"统一总理"告别。默克尔乘坐她的豪华轿车出发了。在到达目的地前不久，她脱掉了礼服，临时调整行进路线，她的随行人员非常惊讶："现在让我们像科尔那样。"她让豪华轿车驶离国道，并要求在下一个最近的旅馆停车。乡村旅馆"天使之家"（Zum Engel, Nix aus der Bix）的主人刚刚采购回来，当他准备转入自己的停车位时，被一脸严肃的保安人员拦住并开始了接待工作。当他得知，总理就坐在他的啤酒花园里时，他首先想到的是一个替身，一个带着摄像机隐藏拍摄的搞笑电视节目。不过，那名女子却是相当真实的，就是真的默克尔。她给自己和团队点了咖啡。然后她让主人说说他的生活情况。这是一个在亚洲生活多年、烧饭多年的环游者。科尔一直以来也是这么做的。话不多说，拐弯，开车下去，和人们打成一片。在科尔的时代，这可能还是可行的，日子没有那么紧巴，这里和那里都有漏洞，可以逃避会议纪要和日程安排。她现在坐在这里，感谢死去的总理给她这一个小时，因为他最后的旅程是乘坐美因茨号渡过莱茵河。棺材的装卸，乘直升机、汽车和轮船的多重旅程，抬棺人有分寸的步伐，在殡仪馆分别取回和铺开旗帜，这些都给了她时间。

女总理向已经在厨房准备晚餐订单的主人告别，正准备离开时，街道对面的一群人引起了她的注意。一对新人从对面的教堂走出来，正在接受庆祝。总理迅速作出决定，穿过马路，谨慎地走过斑马线，向那对新人走去。一段模糊的手机视频记录了这一幕。全身黑衣的女总理走到全身白衣的新娘面前，向她表示祝贺。现在她在这里，她只想打个招呼——你好！然后她再次离开，匆匆赶往大教堂，死者已经在那里等着她了。

说"不"的女士

1990年夏，就《德国统一条约》进行了谈判。东德方面，国务秘书京特·克劳泽（Günther Krause）是首席谈判代表。在这几个月里，人们经常在他身边看到上一届东德政府的副发言人默克尔。在伟大的具有历史意义的谈判桌旁，人们很少注意她，她只是一个发言人，一个毫不起眼的权力女仆，如果有的话，只能在大局的边缘找到。她看起来像个女大学生，穿着也是如此，很容易被人忽略。当男人们谈判时，她常常坐在第二排，坐在具有决定性的德国统一的那张大桌子后面的一张狭长的桌边。从今天的角度来看，在所有穿着灰色、蓝色和棕色西装的男人中间，没有一个女人坐着，这似乎很难令人相信。

时间已经很晚了。京特·克劳泽和默克尔走向他们的公务车。新闻发言人默克尔看到了《明星周刊》（Stern）的一名女记者。由于正值深夜，她问该名女记者："您想搭我们的车吗？"于是他们三个人连夜赶路。先是把克劳泽放下，然后再去女记者的酒店。路上，女记者问默克尔是否愿意从政，比如说成为联邦议院的议员，或者至少朝这个方向发展？政府发言人沉默不语，在回答之前犹豫了片刻，然后干巴巴地说道："不!"之后，每个人都看向黑暗。6个月后，默克尔成为联邦议院议员和部长。

火车总站

这是一次难产。柏林火车总站没有建成，而是遭受了损失。它比计划中的要昂贵，也不像预期的那样漂亮，当然，它的完成时间也比预期的要晚得多。

因此，时间终于到了2006年5月26日，这个由玻璃和大都会欲望筑成的宫殿举行落成典礼，刚刚任职不久的联邦总理也不失时机地发表了竣工演讲。请注意总理说话时的幽默感："近年来，柏林见证了许多伟大的日子，但我认为今天的日子也接近于最高级。这是一个具有象征意义的日子，因为这里也是一个具有象征意义的地方。"一个接近最高级的日子！但只是接近，而不是最高级，所以也就是差不多，而不是完全。默克尔就是这样，是个超级害羞的人。她在谈到柏林人和他们与新火车总站的关系时，说道："柏林人，身处小地方的人，现在也有了一个火车总站。人们真的不必惊讶，柏林人并不觉得这一切有多容易。"即使对她这半个柏林人来说，与新地方的接触也不容易。她不仅是一个超级害羞的人，而且也是一个很少生气的人，她自然也想向火车总站表达敬意："这个车站，有玻璃，有许多楼层，有许多行车方向，有商店，有这里的一切，代表着它是一个现代的、开放的、世界性的建筑，因此也是柏林和我们国家——德意志联邦共和国的象征。无论如何，它是我的希望。"然后，她在演讲的最后，把这个新邻居比作一个有轨道的食物供给点："我期待着，如果我晚上在总理府没有任何吃的东西，要么吃土耳其烤肉，要么去麦当劳，或者——现在我就要烦恼了——也就在德国的肉饼小摊，无论人们怎么称呼这里——或许可以顺便看看高档的东西。"目光所及，一片欢腾。

从康拉德到赫林德

不，在这两个人中间，摄影师康拉德·鲁弗斯·穆勒（Konrad Rufus Müller）和默克尔之间不可能出现火花。康拉德·穆勒有一个外号，叫做"总理摄影师"，因为他给德意志联邦共和国所有的总理拍照，正如我们将看到的，这个头衔极具争议性，他在1991年的一次海外旅行中遇到了这位女政治家。两人在旧金山共进晚餐后，摄影师喝了不少酒，这名年长15岁的男子称这位年轻的部长为"你"[1]。就在这一刻，铡刀落下，摄影师回忆道。默克尔认为这很过分，不是因为有人侵犯了她的办公室，而是因为这是一次闲聊式攻击，没有坚实的基础，没有友好的基础，也没有对对方亲密的了解。对这位女政治家来说，这是一位粗鲁的摄影师，这位摄影师已经可以将自己列入波恩共和国的名单中了，他曾经为默克尔经常提起的阿登纳拍摄过照片。那

1　在德语中，素昧平生的人之间应采用尊称。Du（你）为昵称，多用于关系亲密的人之间，如家人、密友等。——译者注

么，女政治家是否可以在这里伸出她的手，显示一下自己的任性？不，她只是不想被她的对手像饭后甜点一样吃掉。

大多数摄影师证实了这样一个事实：默克尔不是女主角，反而更多地保持着友好和平易近人的态度，即确保和你约定的见面时间得到遵守。例如，摄影师安雅·韦伯（Anja Weber）在2017年为《日报》（taz）拍摄了总理的照片。她说，总理是一个非常善于交际的人："她的办公室真的很大，也相当不人性化，她一方面作为一个人，另一方面作为总理，在里面走动。总理府使她或多或少成为一个艺术形象。我想看一看这个紧张的区域。作为一个人，我发现她相当风趣和平易近人，与我在那之前遇到的大多数政治家不同。"女摄影师随后从默克尔的办公室望向对面的国会大厦草坪，多年来她每周日都在那里踢足球。她还告诉总理，她的球队在一次很酷的趣味比赛中给自己起了一个战斗的名字"火车头默克尔"（Lokomotive Merkel），总理觉得这令人脑洞大开。

瓦尔特·谢尔斯（Walter Schels）同样谈到一次愉快的邂逅。他因其动物肖像画和手部照片而闻名。2005年，选举之前不久，他见到了默克尔。她同意谢尔斯为她和她的手拍照。如果有人不相信手是多么伟大的讲述者，可以看看谢尔斯拍摄的手部肖像，从婴儿到老太太，从赫尔穆特·施密特到坎皮诺的手。每只手都是布满皱纹的海洋。

在这样的肖像拍摄中，默克尔一方面严格要求自己，另一方面也很服从，她想服务的不是摄影师，而是事业。只要这能让她领悟，她就特别能做好自己。

谢尔斯进来了。

默克尔问道："我要做什么？"

谢尔斯答道："您什么都不用做！"

默克尔又问："我不需要微笑吗？"

谢尔斯再答："不需要！"

　　总理明显放松下来。于是，拍出来的默克尔的手像无疑是她现有的最亲密的灵魂形象之一。

　　1991年，当康拉德·穆勒的"你"在旧金山的盘子和杯子中毫无生气地倒下时，一场摄影对话也在同年开始，并取得了成果，一直持续到今天。著名摄影师赫林德·克尔布尔开始了一项名为"权力的痕迹——职位如何改变人"的长期研究。为此，她跟随15位来自商界、传媒界和政界的人士，通过照片和采访记录了他们的身体和习惯的变化。默克尔坦率地承认，一开始摄影师让人多么的不自在："刚开始我就觉得这种提问的烦人令人难以置信。我对此表示反对。当您再次出现在门口时，我一点也不高兴。我想，这是什么乱七八糟的东西？毕竟，这本书要再过八年才会出版，而你必须出现在媒体上。但后来我注意到，我突然问自己：今年克尔布尔女士真的在那里吗？所以我这时不得不意识到，我多么虚荣，觉得您的项目很有意思。"1998年11月，赫林德·克尔布尔结束了这个项目，但在2005年又恢复了这个项目，和以前一样，她每年与总理见面一次，进行一次肖像摄影。克尔布尔说，在这段时间里，生命已经越来越多地从肉眼可见的身体中退却。职位会伸手去抓人，塑造、压迫、挤压，把人的生命吸走。施罗德的情况也是如此，作为总理，他在她的照片中看起来越来越没有了灵魂，越来越僵硬，越来越披上了盔甲。在特别强大的人身上，生命回撤到眼睛里，而身体明显地遭受到巨大的期望，发生萎缩并失去其活生生的个性。今天，克尔布尔说，几乎没有任何时间留给这些影像，甚至连跟随的采访也不得不省略，但现在两者之间普遍存在一种默契的相互理解。

2006年4月20日，摄影师约瑟夫·阿尔伯特·斯洛明斯基（Josef Albert Slominski）首次为默克尔拍摄肖像，他也知道改变了的时间强权。1937年出生的斯洛明斯基自称斯洛米，同事们也这样称呼他。当回忆起这次在总理府的约见时，他忍不住笑了，因为他在35分钟后亲自中断了约见，说道："够了。"如此浪费时间，如此奢侈地在时间中打滚和沐浴，已经无法想象；今天人们必须在5分钟内达到目的，完成画面。顺便说一句，斯洛明斯基特别指出，他是德国唯一一位在所有现任总理任职期间都拍摄过他们照片的摄影师，而他的对手康拉德·穆勒只是在康拉德·阿登纳、路德维希·艾哈德和库尔特·格奥尔格·基辛格离任后才拍摄他们。斯洛米更像是忠实于图像和对象的仆人，而康拉德·穆勒有时则是对自我形象有点爱惜羽毛的仆人，这对一个摄影师来说有时是一种阻碍，尤其是在面对朴实无华的默克尔时。

这也是康拉德·穆勒试图为默克尔特别召开一个亲密的肖像会议而失败的另一个原因。穆勒与维利·勃兰特、赫尔穆特·科尔或格哈德·施罗德这样的人相处得很好，你可以和他们一起抽雪茄或喝酒，你也可以和他们一起做男人的事情，或短暂的闲聊。默克尔的前任们在任时也相当容易接受深邃的灵魂风景，他们肯定对有人用光来拍他们感兴趣，就像穆勒做的那样，并赋予他们一种在日常事务中看不到的光环。穆勒把政治家变成了德国的风景。维利·勃兰特的脸被他赋予了表情；大象科尔在他眼里就像一个被误解的巨人，充满了被压抑的情感；格哈德·施罗德就像埃罗尔·弗林（Errol Flynn）那样的好莱坞自由盗贼和史蒂夫·麦奎因（Steve McQueen）那样的绅士黑帮分子。然而，默克尔对精致并没有强烈的渴望，她也从未寻求与女记者或摄影师打成一片。

　　因为康拉德·穆勒也喜欢聊天，而且是非常有趣的聊天，所以他也会游走于危险的边缘，这对每一位总理摄影师来说都是致命的罪行。因此，他让公众详细了解到，他与默克尔的肖像会议最终是如何失败的，而且不需要具备任何预言的天赋就能注意到，总理办公室里肯定没有人对此感到高兴。在随默克尔的美国之行18年后，2009年，他在总理府获得约见。默克尔希望在历任德国总理的画廊旁边，在路德维希·艾哈德的照片下拍照。但这位只用自然光工作的摄影师看到了天花板射灯的人造光如何扭曲了脸部，使其变得毫无吸引力。一场争吵爆发了，摄影师与默克尔的工作人员争吵了三个小时，然后他们就另一个场景达成一致。尽管有这种不和谐的关系，但他还是又一次与总理约见。让摄影师自己说吧，他向《明镜周刊》（Spiegel）描述了当时的情景："第二次，她在我面前坐下来，说：'继续吧。'然后我说：'总理女士，这不行。我曾经和您的前任格哈德·施罗德一起，在前厅坐了整整一个星期。只要有时间，我们就去某个地方喝杯香槟。我还时不时地在一旁拍张照片。'然后她说：'穆勒先生，我半个小时都忍受不了。'我说：'您看，仁慈的女士，这就是为什么我们之间不会有结果的原因。'"穆勒继续说，默克尔是一个"控制狂"。他不明白，一个总理也需要一个"光学传记作者"。难以忽略的是，这里说的是受伤的虚荣心，而这位总理早就找到了一位"光学传记作者"。她的名字过去是、现在也是赫林德·克尔布尔。

也许赫林德·克尔布尔的摄影风格也很适合总理，客观、不夸张、不做作，但又有一种切割的锐利。因为当你记录了几十年的身体，它的有限可能性也变得很清楚，你能看到权力和时间是如何攫取整个人的。

摄影师安德烈亚斯·穆赫（Andreas Mühe）追求的是完全不同的风格，他曾一度被认为是总理的摄影师和默克尔的"最爱摄影师"。他的肖像照具有一种戏剧性的安排，使人受制于艺术家的眼睛强权。例如，他曾经在柏林的植物园拍摄过总理，她将目光移开，背对着观众，这样政治家看起来就像浪漫派画作中超脱于世的女子，又像一只仙鹤小心地窥视着远方。显然，"总理摄影师"发现这个名号很烦人。所以在2013年，他以"安·默——德国之旅"（A.M. Eine Deutschlandreise）为题拍摄了一系列照片，暗示摄影师与总理一起穿越这个国家，并让她在车外看了十四个非常德国的场景。观众总是看到总理那精心梳理的后脑勺，以及她透过政府豪华轿车车窗的目光。媒体大肆炒作，联邦新闻办公室急忙宣布，总理没有以任何方式参与这个项目。不难看出，穆赫雇用了一个貌似默克尔的人。从那时起，他和总理府之间就没有照片了。

摄影师安德烈亚斯·赫茨奥（Andreas Herzau）观察了默克尔几年，至少设法让她参与关于摄影的简短谈话。2009年9月15日，他跟随她乘坐具有传奇色彩的德国铁路公司的"莱茵之金"号快车（Rhein-Gold-Express）。默克尔曾在波恩参观过阿登纳的墓葬，现在正像他一样在火车上参加竞选。列车车厢门边上站着许多记者和第一任总理的亲属。看着火车上富丽堂皇的架子上高高堆起的阿登纳书籍画册，赫茨奥想从默克尔那里知道，她是否也会对那些能让她摆脱一成不变的日常新闻报道的图片感兴趣。默克尔断然回答说，她认为这没有必要。当摄影师坚持并追问，在男性传统领域工作的女性以不同的方式拍照是否不重要时，草草的谈话停止了。不久之后，总理闭上了双眼。赫茨奥想过要给睡着的总理拍张照片，那将是一个真正的颠覆。不过，保镖的眼神明确无误地告诉他：想都别想！

胡 萝 卜

2013年冬天，年底前不久，总理重重地摔了一跤。在恩加丁（Engadin）进行越野滑雪时，她摔得不轻。总理的左骨盆后环骨折，医生建议她少运动，可能的话卧床休息，并减轻体重。总理斩钉截铁地遵照医嘱。她放慢脚步，休息，吃各种切法和刨法的胡萝卜、芹菜等蔬菜和水果。

2014年春天，总理访问美国，与奥巴马总统在菜园里会面。在白宫公园里建一个菜园是米歇尔·奥巴马的想法，她希望为健康饮食树立榜样。美国同僚发现，默克尔总理瘦了很多，很快就有人到处宣称她至少瘦了十公斤。这个数字像火箭一样在媒体上呼啸而过：默克尔减肥法，默克尔减肥饮食的秘密！在与奥巴马一起走过沙拉菜畦和水果大棚后，总理享用了来自米歇尔·奥巴马花园的绿色沙拉蔬菜。

几周后，总理第七次飞往中国。与其他德国总理一样，默克尔努力与这个远东的大国保持良好关系。在一天晚上，总理、东道主和众多的德国随行人员坐在一张巨大的桌子前，各种碗、锅、盆和盘子等餐具放在桌上。这里的汤在热气腾腾地煮着，来自各地的肉类高高地堆着，还可以见到海鲜。默克尔的目光盘旋在这座美食山脉上，就像一架因燃料耗尽只能紧急迫降的直升机，却找不到一个合适的地方降落。东道主显然误解了这无法定格的目光，继续提供更多的美味佳肴，以对总理表示尊敬并设法满足她的胃口。一位德国代表团女成员坐在总理的正对面，意识到她的减肥计划，于是冲进这家精致酒店的厨房，绕过保镖护卫的墙壁，克服语言障碍，向厨师长讨要胡萝卜。胡萝卜？然而，还没等这一要求得到理解，东道主又以其特有的好客的方式端来了大盘子，里面是经过艺术切刀的生蔬菜，总理的目光终于得以落地，她可以随心所欲地大快朵颐了。

肥　　鱼

维利·勃兰特是一个充满激情的钓鱼爱好者。只要没有人知道这件事，他可以钓很久。在挪威度假时，他独自或与儿子们一起钓鱼，放松身心。但是，后来一些照片流入世间，这些照片塑造了他作为钓鱼者的形象。现在，勃兰特在许多场合得到了无数的鱼竿，多到他自己都记不清了。陌生的竿子盯着他，他无奈地看着竿子。从那时起，他就失去了这个爱好，只有当摄影师要求他拿起鱼竿时，他才会拿起鱼竿。

当政治家们去钓鱼并炫耀时，他们不仅能钓到鱼，还能钓到公众或选民。有一张壮观的普京钓鱼的照片，图片中克里姆林宫领导人站着，露出上半身，准备与任何深海猛兽搏斗。虽然默克尔没有钓鱼的照片，但她确实有一张钓鱼许可证。它是这样来的：在她的童年和青少年时期，默克尔经常去霍恩瓦尔德，那里有大克里纳特湖在吸引着她。虽然她从未钓过鱼，但她仍然是民主德国钓鱼者协会的成员，因为只有持有效的钓鱼许可证，才可以在湖上使用船只。于是，在约有60名居民的霍恩瓦尔德，她成为当地垂钓协会的会长。她的任务之一是组织一年一度的垂钓活动，她还负责组织垂钓协会的冬季节日活动。

　　因此，垂钓者默克尔主要存在于纸面上，尽管她喜欢躺在那里等待。基社盟政治家米夏埃尔·格洛斯在默克尔庆祝50岁生日的一次异想天开的演讲中对默克尔有这样的评价："她用虚荣心作为武器，尤其是对付虚荣的男人。她知道雄性松鸡在发情时要被射杀。她的奖品墙已经挂满了丰富的物品。如果我看一下第一排，就会看到还有某人在上面。"大家听后哄堂大笑，但某些人笑过之后，才发现自己也变成了一只雄性松鸡。

红 丝 带

"任何不相信奇迹的人都不是现实主义者。"以色列第一任总理戴维·本-古里安（David Ben-Gurion）曾说过这样一句话。默克尔在2008年作为第一位外国政府首脑在以色列议会讲话时引用了这句话。默克尔是一个现实主义者，这就是为什么她相信有奇迹发生。而且，鉴于德国人对欧洲犹太人的所作所为，以色列和德国之间存在着友好和重要的关系，这对她来说是一个奇迹。在青少年时代，身处东德的她对纳粹大屠杀（Shoa）知之甚少。民主德国与以色列没有外交关系，它认为自己是一个反法西斯国家，因此几乎不觉得有责任处理国家社会主义问题。官方的纪念文化是片面的，共产主义抵抗战士是重点，犹太受害者大多被排除在外。作为课程的一部分，这名女学生多次参观了拉文斯布吕克集中营，这让她更加感动，然后被噩梦所困扰。

当年轻的默克尔部长在1991年第一次前往以色列时，她参观了加利利海边的塔布加修道院，德国僧侣在那里管理着一座本笃会的修道院。在那里，一位僧人引导她穿过寺院，并指向远方。

默克尔在汉堡的福音教会大会（Kirchentag）上回忆起这次相遇，并描述了她的感受："于是我们站在这片有山丘的风景中，看到了加利利海所在的肥沃平原。现在这位僧侣对我们说：看，耶稣从这里下山，然后他来到湖边。如果您现在到下一个海湾，在那里他遇到了渔夫彼得[1]，在那里，再往前一点，他喂饱五千人，然后越过了那里，并在那里经历了风暴的发生。"[2]默克尔感到惊奇，很羡慕这个人，并被他感动了。这种完全不间断的信念和对上帝的几乎孩子般的信任！在这里，她从童年和父母的教区中所知道的所有故事都变成了现实，《圣经》中的神迹也获得了阳光普照的可塑性。在这里，突然之间，一切似乎都成为可能。

十七年后，默克尔以德国总理的身份前往以色列，追随康拉德·阿登纳的脚步，这对她来说也近乎一个奇迹。德国犹太人中央委员会主席夏洛特·克诺布洛赫（Charlotte Knobloch）也在2008年的政府出访专机上。总理和主席相邻而坐，只隔着一条过道。默克尔的目光落在她邻座手腕上的一条红丝带上。邻座的主席向总理解释这一切是怎么回事。红丝带大部分由年长的妇女在哭墙处出售，据说可以防止邪恶的目光，护佑远离所有邪恶的不轨。然后夏洛特·克诺布洛赫从口袋里掏出一条红丝带，问她是否可以把它绕在总理手腕上。默克尔同意了，于是她的邻座小心翼翼地把丝带给她缠上，并按照习俗打了三个结。最后，她说了一句祝福的话，这也是仪式的一部分。然后，总理的眼睛像风景一样亮了起来。

1　参见《新约·马太福音》第4章第18—22节。——译者注

2　参见《新约·约翰福音》第6章。——译者注

动　物

默克尔和企鹅之间一定存在很深的关系——稍后会有详细介绍。让我们从根本上研究一下默克尔对动物的感受这个问题。不，默克尔并不养宠物（也从未养过），但有证据表明，她是在滕普林的瓦尔德霍夫庄园里被动物包围着长大的。瓦尔德霍夫可能不是方舟，但那里有鸡、猪、牛、马、野猫，有时还有一只在鸡舍里肆虐的貂。由于默克尔直到今天仍然是丰盛食物的爱好者，人们不能假设对默克尔而言放弃肉食也是一种选择。相反，她回忆起2017年的场景，并没有心理阴影："那时每周都有一头猪供食用。"然而，瓦尔德霍夫庄园的猪一定过着相对幸福的生活，大量跑动，鼻子拱到泥土里，挖个不停。对瓦尔德霍夫的那群孩子来说，情况肯定也是如此。一位也在那里长大的童年朋友在她的记忆中这样说道："整个瓦尔德霍夫由沙子组成，中间夹杂着腐烂的松针的深色。当我们从外面的庄园玩耍回来时，我们看起来总像是一群从最近的猪圈回到饲槽的猪：连耳朵都是黑的了。"

1995年有一篇新闻报道，当时并没有引起太多注意："联邦环境部长安格拉·默克尔（基民盟）在勃兰登堡北部被一只狗咬伤。周三晚上，当她与同伴在一个村庄骑自行车时，德国短毛猎犬'贝西'（Bessi）从一个没有上锁的花园大门跳出来，向部长的膝盖咬去。这只动物必须在狗窝里关禁闭两个星期。官方的说法是存在狂犬病危险。然而，'贝西'被认为是完全无害的。这只动物甚至没有通过狩猎测试——因为'缺乏咬合力'。"2007年1月，当默克尔在索契的避暑山庄访问弗拉基米尔·普京时，这段个人经历也重新被回忆起来。在格哈德·施罗德的总理任期结束和乌克兰的橙色革命之后，德俄关系正处于冷却和疏远的过程中。当俄罗斯总统和默克尔在摄像机前会面时，普京让他的大黑拉布拉多犬在房间里跑来跑去。这条狗尽情地嗅着默克尔的膝盖和大腿，然后以被动攻击的态势四处游荡。默克尔的身体越来越僵硬，但试图不表现出任何胆怯；她知道她的东道主的无礼行为和他的震慑技巧。多年以后，默克尔在一次采访中承认："尽管我相信，俄罗斯总统非常清楚，我并不完全渴望迎接他的狗，但他还是带着它。事实就是如此。人们可以看到我正在勇敢地往普京的方向看，而不是向狗的方向看。"普京后来也说，他想通过向总理展示他最喜欢的狗来取悦她。但是，让我们抛开这种假意的权力展示，转而讨论更愉快的人与动物的关系。

在德国，没有狗或猫——像美国或英国那样——会跟随主人或主妇进入白宫或唐宁街10号，但在竞选活动期间，政治家们无法绕开动物。如果你想赢，你就必须要有宠物。宠物本身就是一种权力因素，而德国人身边就是他的宠物，而不是政治动物（Zoon politikon）。在这方面，狗和猫是动物和事物的替代议会中强有力的代表。那么总理呢？她会对哪种动物倾心，哪种动物是她的最爱？这是施特拉尔松德的一位市民提出的问题，而总理给出了以下答案："我发现普通蟾蜍是非常有趣的东西，还有蝙蝠。"她的回答令人惊奇。总理接着赶紧补充说，她最喜欢观察野外的动物，特别是鹤，她在乌克马克熟悉鹤的情况。在新西兰，她抚摸了一只濒临灭绝的奇异鸟（一种有长喙的鸵鸟类动物）；在布里斯班，她拥抱了一只考拉；在马洛（梅克伦堡—西波美拉尼亚），她喂了一只狐猴（湿鼻猴）。这些相关的照片展示出一个轻松的总理，即使狐猴落在她的肩膀上，她也保持镇定。对动物的恐惧看起来会有所不同。

现在让我们走近总理的灵魂伴侣——企鹅。众所周知，企鹅虽然不会飞，也是一种鸟。企鹅在陆地上通常被低估，它与早期的默克尔联系在一起，是因为作为一名年轻的部长，虽然她不被认为是企鹅，但仍有人把她看作"灰老鼠"。2002年，当默克尔首次与一只企鹅建立亲密关系时，她已不再是一个被低估的人物。2002年7月17日，下萨克森州州长克里斯蒂安·武尔夫把企鹅作为生日礼物送给了基民盟的新主席，或者更准确地说：他赞助了她一只企鹅。克里斯蒂安·武尔夫当然清楚，默克尔不可能把企鹅从汉诺威动物园带到柏林。默克尔将这只黑脚企鹅抱在怀里，而这只年幼的企鹅看起来也让人心动，它面对无数相机的咔嚓声却显得沉着冷静。一年后，默克尔在汉诺威动物园再次探望她的企鹅，这次她甚至给它喂食了。然而，赫尔穆特似乎对扔给它的鱼并不关心。赫尔穆特？这只企鹅怎么会有这个名字？克里斯蒂安·武尔夫是为了纪念赫尔穆特·科尔才给它起这个名字，还是默克尔给它起的名字？为了弄清此事，我们向汉诺威动物园了解情况，动物园的答复如下："小企鹅的名字归功于它以异常沉着的方式观察生活和各种磨难，安安静静地坐在它的桶状巢中——这也与它的体形有关。"赫尔穆特的沉着冷静不也是一种将它与默克尔联系在一起的精神状态吗？

2007年，这只企鹅甚至进入了下萨克森州基民盟党代会的会议记录中。州长克里斯蒂安·武尔夫就基民盟作为一个进步的政党发表了热情洋溢的讲话，并向总理致意："安格拉·默克尔已经在汉诺威的动物园里收养了一只名叫赫尔穆特的企鹅。这就要求增加一项内容。我们这里有一份足球机器人安格拉的赞助证书，它刚刚受过洗礼。这个叫安格拉的足球机器人在2006年成为日本的足球世界冠军。"当时还是汉诺威市市长的斯特凡·魏尔（Stephan Weil）不失时机地说了一句问候的话，并送上了对赫尔穆特的问候，顺便说一句，它的身体处于最好的状态——他已经特别询问过了。默克尔笑逐颜开。

可是现在，它在一瞬间就变成了悲伤。在回答我们关于赫尔穆特是否还活着的问题时，汉诺威动物园的答复如下："很不幸，黑脚企鹅'赫尔穆特'已经不在世了。我们通常会告知动物的教父教母或赞助人，他们领养的动物的死亡情况。在这种情况下，下萨克森州基民盟获得了相应的通知。"进一步的细节没有提供。令人欣慰的是，自2011年以来，总理又有了第二只领养的企鹅，这只企鹅是生活在施特拉尔松德海洋馆的亚历山德拉。当总理在2019年夏天再次探望她的"教女"时，她向随后参加讨论的小组中诧异的客人解释道："亚历山德拉正在换毛，因此不像平时那样华丽。"这是一个知情者在说话。企鹅是一种群居动物。它们有时与数以百万计的同胞生活在一起，它们忠诚、有爱心、有合作精神。与海狗一样，企鹅也是伟大的多面手。它们知道如何使它们的殖民地保持和平。默克尔领养的动物被称为亚历山德拉，这可能不是巧合，因为它是一只洪堡企鹅，据说洪堡企鹅的名称源自亚历山大·冯·洪堡。而这位18世纪的探险家又是默克尔的引路人之一，因为默克尔本人就是一位伟大的科学探险家，以探究的态度对待每一次民间对话和每一次海外旅行。在民粹主义时代，默克尔反复引用洪堡的一句话：“所有世界观最危险的人是那些从未看过世界的人。”

女 儿 们

在政治中滥用女儿的做法已经成为通货膨胀。肇事者大多是男性，很少是女性。2000年4月，当默克尔新当选为基民盟主席时，许多人将她视为一种过渡现象，一种权宜之计，一种有用的工具。党派的献金事件必须结束，赫尔穆特·科尔必须以人不应弄脏自己的手的方式被载入历史。科赫、斯托伊贝尔、鲁厄、吕特格斯、梅尔茨和其他许多人仍然想成为什么，所以他们把任务留给了老人的"养女"，把老人推到边缘。他们自己也很垂头丧气。但在暗地里，他们在磨刀，因为他们只是在等待默克尔在政治上被耍得团团转。事实上，当时的语言更加粗暴：他们想"压垮默克尔"。

2000年2月，埃德蒙·斯托伊贝尔上了一个脱口秀节目。邀请他的人是莱因霍尔德·贝克曼（Reinhold Beckmann）。斯托伊贝尔告诉观众，他的女儿们认为，默克尔女士可以通过她的头发和发型让自己变得更加出色。信息传达的是默克尔女士是个灰暗、保守的女人，她应该首先学会正确的穿着，以后再谈政治。

对无子女的指责也在潜移默化中产生了共鸣，因为如果默克尔女士有像他一样的女儿们，她就可以依靠她们的判断力和品位，而不必听从他的女儿们的建议了。

嗯，大家后来都知道故事的结果了。2002年，默克尔确实让斯托伊贝尔作为总理候选人上台，但他不知道如何利用这个机会。2005年，当默克尔终于在巨大的反对声中一跃成为总理候选人时，她问极端保守派的议员格奥尔格·布伦胡贝尔（Georg Brunnhuber）："格奥尔格，对你们来说我在南方够保守吗？这能行吗？"对此，格奥尔格调皮地回答道："别管它，我们自己已经够保守了。你看着，我们的女儿们要挺住。"在这里，女儿们被理解为未来的保证，因为只有赢得女儿的人才能赢得未来。更聪明的保守派已经意识到，他们不能为了他们明天的世界而把自己的女儿，也就是许多类似的女性选民，出卖给昨天的世界。因为在1998年和2002年的联邦议会选举中，逃离基民盟/基社盟的首先是女性。总理的妻子多丽丝·施罗德·科普夫以默克尔没有孩子为由，攻击她作为妇女和家庭政治家的能力："默克尔夫人的人生经历并没有体现大多数妇女的经历。她关心的是如何协调家庭和工作，她们是否想在产后休息几年，或如何最好地抚养她们的孩子。显然，这不是默克尔的世界。"默克尔的母亲赫林德·卡斯纳对这种人身攻击非常恼火，以至于在转折时期后加入社民党的她立即从社民党退党。这种对她女儿的人身攻击让她非常反感。默克尔作为一名女性，2005年在女性选民中实际上只获得有限的分数，因为投给社民党的女性仍然多于投给基民盟的女性。尽管施罗德曾称家庭政策是一场"口水仗"，但他在与默克尔的电视对决中曾公开表达了对妻子的爱，并为她辩护，反对那些对她干涉选举活动的指责。这听起来有点像通俗小说，但显然它吸引了一些观众。也许这就是为什么默克尔特别高兴地让家庭部长乌尔苏拉·冯德莱恩（Ursula von der Leyen）——她有五个女儿——制定一个非常现代的家庭政策，这对基民盟来说几乎是革命性的。这位基民盟的女政治家只是接纳了她的社民党前任雷娜特·施密特（Renate Schmidt）的大部分改革建议，并为家庭和职业妇女引入了许多改进措施。

随后，西格玛·加布里埃尔（Sigmar Gabriel）在2016年带了一个全新的政治女儿入局。他4岁的女儿玛丽在电视上看到父亲和默克尔在一起时，热情地喊道："看，妈妈，那是爸爸的妻子。"然后玛丽被告知，默克尔女士是爸爸的"工作妻子"。据说，西格玛·加布里埃尔还在戈斯拉尔的家中向他的上司讲述了这段轶事，这显然让总理非常开心。她笑了出来。好奇的玛丽还被允许出现在社民党的一次会议上，当时加布里埃尔本人还在考虑在下一次选举中与现任者竞选。他在党代会上向代表们讲述了以下故事：星期二晚上，他把玛丽放在床上。"明早见，爸爸！"——"不，我明早不在，我得去柏林，到内阁去。"女儿失望地回答："那么请告诉我，你还要去找默克尔多久啊？"而父亲开了个俏皮的玩笑："别担心，只到2017年。"代表们哈哈大笑起来。这就是胜利者的模样，这就是现代父亲的模样。刚刚还在小床上，第二天就已经在内阁了，后天就是总理了。众所周知，历史对西格玛·加布里埃尔有其他的计划。

在寻找默克尔的继任者方面，女儿们也将在2021年参加进来，或者说她们将参与其中。弗里德里希·梅尔茨被认为是一个"老白男"。他没有赢得联盟女性的心，他有一个大男子主义的名声。当他试图在2021年第二次成为党主席时，他发出以下推文："我知道我们必须在妇女政策方面做得更好，做得更多。但是，如果我真的像有些人说的那样有'妇女问题'，我的女儿们早就向我出示了黄牌，我的妻子也不会在40年前嫁给我。"随之而来的是剧烈的反响，至少在推特上是这样。弗里德里希·梅尔茨再次试图把女儿的存在作为未来的资格来推销，仿佛女儿本身就是针对这个昨天的人所采取的一项培训措施。诺伯特·罗特根（Norbert Röttgen）做得更聪明一点，他在推特上宣布，所有的环形补光灯功劳都归功于他的女儿。事实上，女儿曾建议他使用环形灯，这使本来就像乔治·克鲁尼的罗特根在视觉上更有气质。尽管没有像解放和平等的倡导者弗里德里希·梅尔茨那样把自己的女儿埃娃当作工具，阿明·拉舍特还是赢得了竞赛。

正如人们所看到的，女儿的象征性政治用途是危险的。当政客们将他们的女儿拖入战场时，人们必须保持警惕。当女儿们把厌恶女人的父亲卖给女权主义者时，你看看伊万卡·特朗普，也就是说，这时该三十六计走为上计了。

上帝的动物寓言

在大多数情况下，在与时代见证人谈论年轻的默克尔部长时，它是一只进入舞台的老鼠。主要是男性，那些在西方接受过社会教育的男性承认，他们最初会认为默克尔是一只"灰老鼠"，或者最好给她贴上这样的标签。在这里，人们不禁想到一部法国喜剧电影的标题"一头犯了巨大的错误的大象"。

这只厚皮动物又把我们引向约阿希姆·高克（Joachim Gauck）。在以前的牧师高克辞去史塔西文件管理局局长的职务后，他又开始寻找新的任务了，他那滔滔不绝的口才正在寻找一个新的交点，并在一个地方找到了，那就是他在德国电视一台的同名脱口秀节目。他的嘉宾中有默克尔。2000年4月，在她成为基民盟党领袖的近一年后，她拜访了善于雄辩的高克。高克的话语流总是被他的自豪感所吞食，他喜欢听自己说话，不仅因为话语流淌得如此美妙，还因为他的声音控制得令人听起来很愉快，就像一个温暖的淋浴喷头。因此，默克尔听起来更加清醒、实际、简洁和朴实，但她很快发现自己被牧师的美妙声音所笼罩。

不能忽略的是，她在此间很享受。

然而，高克再次抬起头来，去寻找默克尔："当您开始的时候，您曾经在某种情况下说过，我的名字虽然是安格拉，这意味着类似于天使的东西，但我也只是一个人。现在您已经真正陷入了政治的低潮。在上帝的政治动物寓言书中，有这样一些强大的类型，当我们想到赫尔穆特·科尔时，就会想到大象，当我们想到格哈德·施罗德时，就会想到公牛，当我们想到埃德蒙·斯托伊贝尔时，就会想到老虎，或许，当我们看到海峡对岸时，还有一位女士，一位铁娘子，有人认为她是一条龙。而现在当我们看向安格拉·默克尔时，我们将她归到哪里呢？"默克尔听了以后嘲笑声越来越大，她的眼睛闪闪发光。她以同样的方式回答："是的，高克先生，这将是你的任务，而不是我的任务，这个只有以后才会清楚是什么形象；我相信我有相当好的耳朵来听，有相当好的嘴来说，而满足这两种品质的动物暂时成了问题，也许我们会把归类暂时放一放。"高克目瞪口呆。他仍然无法给她归类，而她的回答也没有让他的问题变得简单。

大约十年后，两人再次相遇，发生了很多事情。默克尔担任联邦总理已经是第五年了，约阿希姆·高克想成为联邦总统，但在选举中，他是社民党和绿党的候选人，他的对手叫克里斯蒂安·武尔夫，并得到默克尔的支持。令人惊讶的是，尽管黑黄政府联盟在联邦大会中拥有绝对多数，但武尔夫直到第三轮投票才当选。许多自民党议员尤其对总理感到愤怒，并想以此进行挖苦。人们必须了解这一权力操纵，才能理解为什么自民党人菲利普·罗斯勒（Philipp Rösler）将总理比作青蛙。这位前自民党党主席的痛苦在于，他的党内外长者都不想把他当回事。他太嫩，太单纯，太稚气。他想用一个可怕的动物故事来摆脱这种刻板印象。2011年5月13日，他当选为自民党党主席后，出现在媒体面前，摆出一副最具威胁性的面孔："如果您把一只青蛙扔进热水里，它马上就会跳出来。但是如果您把一只青蛙放在冷水里，然后慢慢加温，一开始它不会注意到什么，也不会做什么，当它注意到什么时，对它来说已经太晚了。罗斯勒先生就是这样。"在这里，有人希望被人看作一个冷酷、聪明，有时甚至是残酷的权谋家。在很长一段时间里，罗斯勒未能提供这方面的证据。当克里斯蒂安·武尔夫不得不辞去联邦总统职务时，约阿希姆·高克又开始入局了。这位孩子气的自民党领袖看到了他战胜总理的机会。这一次，他想让默克尔知道，自民党将支持约阿希姆·高克，他再次成为社民党和绿党的候选人。总理顿时失去了冷静，并对她的副总理大吼，如果他这样做，联盟就将结束。不过，稚嫩的罗斯勒先生并没有翻盘。最终，默克尔的现实主义取得了胜利。她基本上是欣赏高克的，但有时又担心他的泛滥言论，最终她屈服了，亲自给候选人打电话。后者正坐在出租车里。当高克听到这个好消息时，他指示司机选择一条新的路线："您现在正给联邦新总统开车，我们将改变方向。"

菲利普·罗斯勒本可以默默地享受他的操作，但他却找上了兰茨。兰茨提醒他曾说过关于温水煮青蛙的事，而且这位脱口秀主持人以他特有的单刀直入而又油腔滑调的猎奇口气问道："默克尔夫人什么时候意识到自己是青蛙的？"罗斯勒毫不犹豫地回答："我想应该是在已说到的基民盟主席团的电话会议上吧。"

…………

这里省略若干文字。默克尔当然没有放过他们，不过人们对这种无礼行为的反应是有节制的，还是要让人说话的。政府发言人表示："可以想象，用动物的比喻来描述总理与副总理的关系是不合适的。"总理必须保留将自己比作动物的权力："到目前为止，我只在与自己有关的方面谈论过骆驼，因为我在睡觉方面有骆驼的特点。我可以在一周内很多天都不怎么睡觉，然后在周末要补觉。我有某些与骆驼相似的能力。"

三个纽扣走自己的路

　　1970年10月14日，当社民党人莱内洛特·冯·博特默（Lenelotte von Bothmer）成为第一位穿着裤装站在联邦议院演讲台上的女性时（这里打个岔："讲台上的第一条裤子"），这确实轰动一时。联邦议院副议长在准备阶段已经威胁道，他不会容忍这种对议会尊严的攻击。一大堆带有粗话的信件寄到了这位女造反者手中，她被称为"不光彩的女人"，并大骂这是她的性别的耻辱。这个例子表明，在政治舞台上，妇女总是要为自己的长相和穿着而辩解。女性的身体、习惯、气场都受到了普遍的怀疑。女性的身体必须与婚姻、爱情或家庭相适应，而似乎不适合于政治目的。男性的肉体毫无疑问是政治性的，而女性的肉体毫无疑问是非政治性的。几十年来，从政的妇女被认为是一种误入歧途，是逃避了实际任务的人。

　　甚至默克尔在20世纪90年代初也不得不与这些偏见和怨恨作斗争。就她而言，由于她是来自东德的女性，没有得到西德同龄女性的信任。她们往往对她朴实无华的着装风格嗤之以鼻，这种情况更加严重。让自己有所作为，敢于展示色彩，围巾会有所帮助，还有项链、高跟鞋、化点妆和新的发型——这样的建议让这位年轻的部长在任何时候都能习惯性地全面转变，记者、公务员甚至内阁的女同事都会提出这样的建议。很快，一个带有恶意的笑话在基民盟中流传："安格拉·默克尔怎么处理她的旧衣服？简单。她穿着它们！"

然而，默克尔在她的童年和青少年时期一直很重视服装。她为汉堡亲戚给她寄来的Levis牛仔裤感到自豪。在她第一次去西方旅行时，她为伙伴们买了衬衫。这几乎是一个倒霉事件。她回忆说，小时候她穿着一件来自西方的崭新运动服爬进了带有树油的树洞里，结果把它毁了。来自西方的衣服是她对东德时尚单调的纺织品的否决。在学校，牛仔裤并不受欢迎；每隔一段时间，就有学生不得不回家换衣服。在一次家长会上——就在高中毕业考试前不久——默克尔的父母受到了严厉的批评，因为他们的女儿穿着阶级敌人的牛仔裤，卡斯纳夫妇随即起身离开。

第一个建议她注意衣服穿搭风格的人是洛塔尔·德梅齐埃，他在1990年成为政府副发言人。在一起出访莫斯科之前，他告诉默克尔女士，她应该给自己找件像样的衣服，因为她走动的方式不可能"进入克里姆林宫"。一年后，一家小报嘲笑默克尔的风格。作为妇女事务部部长，默克尔刚刚提出了一项"机会均等法"，该法规首次涉及"工作场所的性骚扰"。作为回应，《图片报周日版》（*Bild am Sonntag*）以其特有的肆无忌惮质问道："您会雇用这个女人吗？"标题旁边有一张照片，暗示我们面对的是一个完全小市民趣味的、没有吸引力的女人，不值得雇用她，目的是能够在工作中骚扰她。这种用蒙太奇手法拼合起来的性别歧视，即使回想起来也是可耻的。

在这位年轻的政治家所参加的谈话节目中，她要面对造型和化妆技巧的建议占半数之多。随着时间的推移，她意识到，如果她能找到自己的风格，找到第二层皮肤，使她在时尚方面不受影响，同时满足她对独立自主的实用性和简单性的需求，那将是更明智和更经济的。默克尔越是接近总理职位，就越需要清除时尚问题并使唠叨者闭嘴。早在2003年夏天，海纳·盖斯勒就敢在电视上公开嘲笑默克尔的着装风格："对我来说，谁为她的着装提供建议完全是个谜。"甚至约阿希姆·绍尔似乎也在为他的妻子寻找衣服。2005年，《明星》杂志援引默克尔的话说，"我丈夫总是说，看看萨格尔，她穿的是超棒的西装外套"。时任绿党议会党团主席的克里斯塔·萨格尔（Krista Sager）今天不情愿地回忆起这篇文章，因为对默克尔来说，印象中一定是绿党政治家带着满满的意图向公众讲述这个故事，但事实上并非如此。《明星》杂志的一名记者走近克里斯塔·萨格尔，轻描淡写地说："好吧，您最近和默克尔女士穿了同样的外套啊！"这位女政治家对此的回应是，情况貌似完全相反。默克尔女士曾告诉她，绍尔先生曾称赞她的夹克。这位基民盟政治家随后去购物，回来时带着一件橙色和黑莓色的西装外套。然而，黑绿联盟[1]在2005年并没有出现。

从那一年开始，在设计师安娜·冯·格里斯海姆（Anna von Griesheim）之外，主要还有汉堡的时装设计师贝蒂娜·舍恩巴赫（Bettina Schoenbach）负责设计默克尔的"权力制服"。有了政府和权力的这层外衣，默克尔站在了时尚的最前沿，而没有屈从于

1　指基民盟党和绿党联合组阁的可能。——译者注

时代潮流。像任何具有古典感觉的设计一样，她通过这些有时带有三个或四个纽扣的西装外套获得了某种永恒的感觉和永恒的地位。默克尔在这个颜色变化的外壳中，获得了自己的时间，从而抵抗其他时间的支配。默克尔采纳了作家玛丽·冯·埃布纳-埃申巴赫（Marie von Ebner-Eschenbach）的见解："一个人的思维方式可以允许与他的时代不同，不过一个人的穿着可能不会不同。"因此，总理培养了一种直截了当的一致性的风格。她当然也会对其他妇女的衣着感兴趣，并注意到她们，但她仍然保持了自己。当她称赞她的议会党团一名女成员织就的色彩鲜艳的围巾时，这位女议员提出要向总理展示复杂的打结技术，但总理拒绝了："在我这里，这过不了多久就会乱成一团。"她不喜欢混乱。

事情的有条不紊还包括装饰默克尔外套的纽扣数量；通常是四个，但有时是三个。2007年夏天，爱丽丝·施瓦策尔（Alice Schwarzer）邀请总理参加了一次宴会。漫画家弗朗西斯卡·贝克尔（Franziska Becker）也坐在桌旁。默克尔俯身向她指出，在贝克尔发表的一幅题为"三个纽扣走自己的路"的漫画作品上，她的外套不是三个纽扣，而是四个纽扣。默克尔外套上的纽扣就像女性匀称的肩章，它们把左右两边绑在一起，强调身体的中心位置，它们是平衡的保证。

同时，默克尔的时尚剪影也已经成为一个标志性的形象。这位总理仅凭她的轮廓就能被人辨认出来，并长期以海报或备忘录的形式成为流行文化的一部分。总理显然觉得这很有趣。她在办公室里挂了一张展示她所有衣着颜色的照片，这个蒙太奇突出了她衣柜系列化的趋势。

一个女人在走她自己的路。

敢于实现更多民主的维利

    1991年，在一次一起出访美国的行程中，赫尔穆特·科尔让他新任命的女部长陷入尴尬境地。当着众多记者的面，他想了解她当时在东德时对他的看法。默克尔倍感压力。她对科尔的形象是由西方媒体塑造出来的。在1990年之前，他们很少对他有好的评价。一个粗俗土气的普法尔茨人，贪恋"金钱"，喜欢吃灌猪肚肠的人。在这个非常尴尬的时刻，默克尔不得不吞下所有这些联想，但也不得不吞下她一直以来对维利·勃兰特非常崇拜的事实。几年前，一位记者曾经问过总理，在她的政治生活中，是否曾经因为幸福而哭泣过。这个问题显然给这位政治家制造了困难。她想了又想，终于想起了1990年10月3日，统一仪式的那一天，当时她肯定流了几滴眼泪。傍晚时分，她站在国会大厦前的贵宾看台上，那里聚集了政治高层，里夏德·冯·魏茨泽克、汉斯-迪特里希·根舍、赫尔穆特·科尔，还有维利·勃兰特。后者是第一任社民党总理，即东西德缓和政策的设计师，是她的伟大偶像。目击者回忆起这位前总理和默克尔之间的一次短暂接触，默克尔以一种近乎神圣的崇敬之情迎接维利·勃兰特。在任何情况下，她对他的称呼就像他仍然在任一样。如果回顾一下默克尔生活中的一些场景，就能更好地理解这种崇敬之情。

1961年8月13日，柏林墙的修建对这个年轻女孩来说就是一次痛苦的经历，同时也是她第一次有意识的政治记忆："那是我第一次看到我的父母完全错愕和不知所措。起初，我甚至不明白为什么要修建柏林墙，以及修建这道墙意味着什么。我母亲哭了整整一天。我想帮助他们，本想让他们再次快乐起来，但我做不到。"当时，维利·勃兰特是西柏林市长。如果说他以前是东西方冲突中的冷战斗士，那么现在他却又变成了一个制定缓和政策的政治家，一个小步前进政策的倡导者。在这一阶段，勃兰特成为东西方希望的灯塔，特别是对那些像卡斯纳夫妇一样被死亡地带和柏林墙隔开的家庭而言。赫林德·卡斯纳的母亲住在汉堡，赫林德很崇拜勃兰特，尤其是因为他，她后来加入了社民党，她的女儿也差点跟着她。作为一名年轻的学者，她曾在自己的厨房里挂了一张海报，上面写着勃兰特的著名口号"我们要敢于实现更多的民主"（Wir wollen mehr Demokratie wagen），这句话来自他1969年的第一个政府宣言。这位女学生非常清楚地记得勃兰特的埃尔富特之行，1970年3月他在那里受到了东德民众的热情欢迎。而她几乎与勃兰特同时出现在莫斯科。她乘坐"友谊列车"前往莫斯科，因为她在民主德国赢得了一次俄语奥林匹克竞赛，现在要完成一个为期数周的语言课程。而勃兰特则在努力消除分裂，缓解紧张局势。他同样也是在1970年前往苏联首都，签署了《莫斯科条约》，随后在1972年签署了《两德基础条约》。勃兰特没能结束这种分裂，但他设法减轻了这种分裂。

勃兰特的缓和政策对默克尔的影响是持久的，这体现在她2005年作为总理发表的第一个政府宣言，其中包含了一些对勃兰特的回忆。维利·勃兰特敢于实现更多的民主，现在找到了一个想敢于"更多的自由"的继任者，她和他一样，谈到了一个"多个小步骤的政策"。

　　默克尔与社民党联合执政的时间越长、次数越多，她似乎就越有一种成为社会民主党人的错觉。最近，在《波罗的海日报》（*Ostsee-Zeitung*）的一个读者论坛上，有人问总理应该如何让人们记住她，默克尔想了一会儿后回答道："她已经付出了努力。"她的这一表述也呼应了维利·勃兰特，当他被问及应该在其墓碑上写些什么时，他回答说："他努力过。"

恶 作 剧

这一幕已经很有名了。2006年在圣彼得堡举行的八国集团峰会上，美国总统乔治·W. 布什偷袭默克尔，给坐着的女总理做了一次闪电式的颈部按摩，然后若无其事地走开了。总理举起双臂，难以确定她是否被吓坏了，还是开玩笑地暗示了震惊。这一幕看起来有些幼稚：世界上最有权势的人，其行为就像一个小学生对他的同学进行的恶作剧一样。在美国，人们发出了愤怒的呼声，许多人谈到了性骚扰；事实上，一些女权主义者几乎每时每刻都在期待总理进行反击，并发问德国是否会向美国宣战。然而，在德意志联邦共和国，人们对这一事件感到相当轻松和有趣。由于默克尔总理至今都没有对这一事件发表评论，因此德美关系一直保持如常。事实上，默克尔以一种幽默的方式接受了同行对她脖子的攻击。在一年后的新闻发布会上，两位政治家都以轻松和常规的方式发表了讲话。然后，主持人布什结束了记者招待会，让默克尔总理先走。当他离开时，他向记者们喊道"别给我做背部按摩"，引起了哄堂大笑。而默克尔回答道："那我可以试试！"

默克尔不仅思维敏捷，而且一般来说她也是一个非常幽默的人。许多与她密切合作的人向我们保证，总理认为，这一天如果没有某种程度的神经释放或笑得抽筋，那就是失败的一天。换句话说，默克尔女士知道如何找乐子，即使她是笑话的受害者，就像她2000年在奥斯纳布吕克举行的基民盟下萨克森州政党会议上那样。默克尔担任该党领袖的时间还不长，她能坚持多久，能否有机会成为联盟的总理候选人，一切都还不确定。党内的许多反对者认为她只是一个临时解决方案。在这段时间里，她必须公开证明，她在权力意志、攻击性和政治韧性方面能够与阔腿的联盟男子相媲美。此外，在奥斯纳布吕克的这次党代会演讲中，她希望以铁娘子的形象出现，成为现任社民党总理的有力对手，而后者也是一个粗人。在演讲中，默克尔正准备为德意志联邦共和国开始一次新的叫醒服务，这时一名服务员拿着一个冰激凌圣代从后面走过来打断了她的话："您是不是点了一个冰激凌圣代？"女政治家的手，刚才还以宏大的姿态摆动，突然定格了，她站在那里，就像被照片定格一样，不过只过了半秒钟，她就恢复了常态，认出这名服务员原来是一名专业的小丑演员。这是德国最受欢迎的小丑和滑稽剧表演者哈佩·克尔克林（Hape Kerkeling），他想在他的节目"世界因此而笑"（Darüber lacht die Welt）中对她来一次恶作剧。"不要把您的杯子留在这里，这没有什么好啃的。"总理面带微笑，代表们激动不已，大家起立鼓掌欢迎这位一直保持独立自主的领导人。

默克尔在这种情况下只是简短地暗示了什么，这在密切陪伴她的记者小圈子里是众所周知的：在模仿方面，这位政治家可能是可以与克尔克林相媲美的。据多家媒体的报道，在氛围不错和信任有加的情况下，她偶尔也会在所谓的背景谈话中模仿其他国家的领导人。她在模仿阴郁的普京、焦躁的尼古拉·萨科齐和愚蠢的唐纳德·特朗普方面尤其令人印象深刻。这可能不是巧合，这些人都是非常以自我为中心的人，他们在每次出现大自我的时候，都会直接给予她对自己模仿的机会。每个优秀的模仿者都是目光深邃的观察者，会研究和分析他的对象，然后通过夸张的手法，揭开人物的性格面具，显示出潜藏的人性。默克尔是权贵及其权力的解剖学家，她知道痛点在哪里，如何利用这些痛点。赫尔穆特·科尔偶尔也会模仿默克尔，这是一种彻底的人性友爱的方式，为所遭受的一些折磨而进行报复。

默克尔很有幽默感，她喜欢讲笑话和发笑，这是她在公开场合隐藏的事实。只有那么一次，她允许自己得意忘形，被说服讲一个笑话，然而，这却深深地揭示了她与赫尔穆特·科尔的紧张关系，也说明了很多问题。当时正值党派献金事件的高潮期，赫尔穆特·科尔总理正在不可逆转地损害他一生的事业。新党领袖默克尔是阿尔弗雷德·比奥莱克（Alfred Biolek）的客人，这位现已去世的爱开玩笑的话匣子，总是在问客人一个棘手的问题之前，用和蔼可亲的态度哄骗他们，然后让他们根本觉察不出来有什么问题，因为对方已经被主人的魅力攻势完全麻痹了。当脱口秀主持人问默克尔是否对赫尔穆特·科尔有任何感激之情时，她大声地叹了一口气说，关于感激，她可以讲一个笑话。比奥热情地拍拍自己的大腿。默克尔开始说："当苏联还存在的时候，《真理报》的一名记者去了楚科奇半岛，那里的人们非常长寿。他问一位还熟悉1917年之前情况的老人：'您的感受是什么？'他回答道：'饥饿、寒冷、孤独。'然后记者又问：'那么在1917年之后，在十月革命之后，您的感受又是什么？'老人答道：'饥饿、寒冷、孤独。'记者追问道：'那么肯定还有别的东西吧？'楚科奇人说：'感恩。'"

"比奥娱乐"的宾客们只是谨慎地笑了笑，她想告诉他们什么呢？这个笑话的有趣之处在于，默克尔间接地将苏联的政权与赫尔穆特·科尔进行了比较。她为什么要感激他的"饥饿、寒冷、孤独"？因为他以独擅专断和行为不当，把政党带入悲惨的境地？这个笑话在西德的电视演播室里并没有真正打动人心，因为它反映了默克尔这个前东德公民的感受，只有在与那些曾经生活在前东德的人们一起感同身受他们的幻灭感，这个笑话才能得到正确理解。默克尔最终在1990年加入基民盟，也与该党坚定的立场有关，因为默克尔在1990年最初倾向于加入社民党，但对"同志"这样的称呼形式感到不满。直到几十年之后，默克尔才与统一社会党后继的民主社会主义党和左翼党建立了较为宽松的关系。当一位左翼党议员在2020年的政府质询中对她提出批评时，总理平静地回答道，她会高兴地考虑他的建议，因为她也是一个"细心谨慎的……时代人，不能说是同志"。全场大笑。总理很快发明了一个新词，时代人（Zeitmensch），只是为了避免使用"同志"一词。然后她自己也不得不嘲笑这种对同志如此明显的过敏症。

老 年 住 所

在杜莎夫人蜡像馆，他们最近对总理进行了顺应时代的调整。他们把一些皱纹拉得更深，增加了其他皱纹，并试图——恕我直言——使年龄更加明显。2021年夏，默克尔将满67岁，从而达到正式退休年龄。在过去的16年中，几乎没有任何一个话题比社会的年龄结构更让她关注了。有一个故事，她在官方演讲中，也在私人场合反复讲述。在成为总理后不久，她参加了一个媒体颁奖仪式，从而了解了一个电台专题节目，她至今还记得并引用了这段话："我特别被电台中讲述的一个关于埃塞俄比亚寻求庇护者的故事感动了。这个年轻人经常与他在埃塞俄比亚的母亲通电话。母亲为儿子担心，说：'你去了一个冬天很冷的国家。这不是非常可怕吗？你怎样才能适应？'儿子接着说：'哦，妈妈，这还不算太糟。但我可以告诉你德国的一些非常好的情况：到处都有老人坐在长椅上。在这里你会非常适应，在这里你敢于去公共场合。'"一方面，默克尔谈到了一个社会现象，在这个社会中，老年人不必感到被排斥，年轻的埃塞俄比亚人的母亲也会感到舒适；另一方面，在某些时候人们也可以认为整个德国是一个养老院，相反，这里的年轻人开始在公共场合感到不自在。自2015年难民问题以来，默克尔一直非常深入地参与非洲事务。她在许多演讲中反复指出，非洲大陆的年龄结构非常不同："现在德国每五个人中就有一个超过65岁的人。我们是世界上平均年龄最高的国家之一，幸运的是，我们的预期寿命相对较高。我想德国人口的平均年龄大约是45岁。我最近去过西非——马里、布基纳法索和尼日尔。在那里，人口的平均年龄为15岁。这些已经是非常显著的差异了。每个社会都有自己的问题。"

默克尔对德国人较高的平均年龄和她自己的年龄增长一样感到担忧。她一直想让国家适应未来，但如果缺乏年轻人，技术人员从哪里获得？如果越来越少的妇女愿意生孩子？如果越来越少的年轻人不得不为越来越多的老年人支付养老金？那么如何使社会与年龄相适应呢？如何防止老年人被切断与技术和文化发展之间的联系？她有时会想，如果她在那里已经有困难，一个物理学博士尚且如此，其他既没有那么好的教育又没有那么多援助的人又该怎么办呢？她变老了，或者说她已经老了，总理最近叹气的次数多了，当然，她身边总有人立即否认。但默克尔不需要得到安慰，她喜欢把自己当成一个年长、睿智和经验丰富的女人。在2007年的一次涉及年龄和老年人经验资本问题的大会上（如电视剧中显示的，经验是有前途的！），她讲了一则轶事，这显然是受她刚买了一台新电视机的影响，电视机的使用说明给总理带来了相当大的挑战："我个人担心的问题之一是人是否还能跟上技术设备的安装。我不厌其烦地指出，我在这里也是这样做的，新产品可能很好，但如果大部分人不知道如何安装和操作，那就没有用了。就我个人而言，我有时想作为受测人，阅读使用说明，并询问这些说明是否在任何方面都是可行的，或者自己是否必须先完成研究。如果专业人员无法借助德语描述简单的过程，导致数十万或数百万人因为自己不懂而出现自信心问题，那就不好了。如果我不得不花这么长的时间来安装我新购买的东西，以至于我不再敢购买下一个，那么这显然不是国内需求的一个好迹象。"这也将阐明默克尔在担任总理后将做什么：她将成为一个说明书测试员，并与写得很差的胡言乱语作斗争。

德 国 血 统

不，总理并不总是能控制住自己的表情。她那张备受赞誉的扑克脸有时可以像一本打开的书一样被人读懂。特别是唐纳德·特朗普，给这张高深莫测的面具造成了极深的困扰。在法国比亚里茨举行的七国集团峰会上，美国总统对默克尔在2019年心神安定的表情施加特别严重的打击。当被问及他将来是否会访问德国时，他回答道，这可能比一些人认为的更快发生，毕竟他的血液中流淌着德国人的血液。原话是：我的血液里有德国人的血统。旁边的总理不由自主地退缩了一下，难以抑制地哼了一声。这次艰难地忍住的笑声在全世界传开了。总理为这个家伙绞尽脑汁的时间显然已经过去了。

在2018年访问白宫期间，她曾给"唐纳德"带去一份特别的礼物，一幅1705年的莱茵兰-普法尔茨州的历史铜版画，铜版画上还有特朗普的父辈所在的卡尔施塔特镇。即便如此，一位外交政策顾问还是哼哼道，这货不是那种会被铜版画打动的人。就这样吧，人们要是早知道这样多好。

让我们再回到一年前。德国总理在2017年春天首次访问了唐纳德·特朗普。她总是为首次见面的国家元首做深入的准备，但这次她对特朗普做了真正的研究，以了解这个家伙的心理状况。她读了《花花公子》杂志对他的一次旧日采访（1990年），他在采访中幻想如果他成为总统会做什么。她分析了几集真人秀节目"学徒"（The Apprentice）的内容，并与贾斯汀·特鲁多（Justin Trudeau）和特蕾莎·梅（Theresa May）通了电话，他们之前都见过特朗普。她绝不想被这个傻瓜愚弄，就像以前发生在一些对特朗普特别卑躬屈膝或谄媚讨好的人身上一样。这两种策略（安倍晋三、埃马纽埃尔·马克龙）都失败了。后来，特朗普在仪式性的握手中几乎捏碎了更加谄媚的日本人的手，法国总统则以泡沫般的魅力来尝试，而美国人却对法国总统的妻子说了一些不敬的话。于是，默克尔得到了警告，不抱幻想地飞往华盛顿。在去程的飞机上，她像往常一样接触了与她同行的记者，告诉他们这次访问的目标、期望或担心。在这些记者中，还有德国新闻社的通讯员克里斯蒂娜·东茨（Kristina Dunz）。

在白宫的新闻发布会上，东厅里肩并肩地挤满了人，气派的吊灯像贪婪的目击者一样悬挂在会议的上空，总理和总统并排站立。被认为是批评者的美国记者被特朗普无视，相反，他把发言权交给那些更准确地被称为其粉丝的人。他们的问题听起来像是在鼓掌赞许。轮到东茨了。她从座位上站了起来，用德语提问——同事们建议她这样做，因为在这种情况下，总统必须等待翻译，不能立即打断或回绝提问。东茨首先向总理提问："默克尔女士，根据您在民主德国的经验，您总是表示相信围墙会再次倒塌。您认为美国总统的孤立主义政策与他计划的进口关税和他对欧盟这个共同体的轻视有多危险?"然后她又立即提出两个针对唐纳德·特朗普的问题："总统先生,如果'美国优先'会削弱欧盟,这对美国不也是一种危险吗?""为什么新闻多样性让您如此害怕,以至于您经常谈论假新闻,并自己声称一些后来无法证实的事情?"这里和那里,尴尬的咳嗽声,压抑的笑声此起彼伏。总理正准备回答,特朗普打断了她,他明显对记者感到恼火。"友好的记者。"他缓慢地开口,打断了默克尔的话。首先,他否认自己是一个"孤立主义者",否认只想着"美国优先",但他说,世界贸易中的事情应该更加公平,因为多年来他们根本没有得到公平对待。然后他根本没有回答第二个问题,只是补充说:"我不知道您代表哪家报纸,但我想说这又是一个假新闻的例子。"

新闻发布会结束后,总统想从总理那里知道,她为什么要选择这个女记者来问这个问题。随后,默克尔给总统上了一堂新闻自由课,因为在德国不是这样的,没有任何问题是事先提交和批准的,而只是事先决定由记者团的谁来问一些问题,然后由各自的同事来问那些他们真正想问的问题。

在回程途中,人们当然会在政府专机上深入讨论这一情景,同事东茨提的问题是否真的如此强硬,是否太有挑战性或是否与场合相称?默克尔在这种讨论中非常矜持,总是尊重别人的判断,她俏皮地说道:我不认为它有那么糟糕。不过,这就是她愿意说的全部内容了吧。

唐纳德·特朗普,这个有德国血统的人,与在比亚里茨的声明相反,他并没有返回德国。

每 日 口 号

　　《每日口号》是一本关于圣经格言、生命口号和超越之路的集子。其中有句话是这么说的：唯独从上头来的智慧，先是清洁，后是和平，温良柔顺，满有怜悯，多结善果，没有偏见，没有假冒。（雅各书3:17）这些道德伦理的罗盘针已经存在了近三百年，是西方人口袋里的路标，它们帮助教会成员感觉到自己是一个会众，特别是当会众被敌人、其他信徒、不敬虔的人包围时。

　　即使在无神论的民主德国，也有这些圣经诗句集，在出版前被国家带有疑虑地盯着，并由审查人员仔细检查是否有煽动的可能。埃伯哈德·劳（Eberhard Rau）于1958年与霍斯特·卡斯纳一起在瓦尔德霍夫开始执事，并试图组织和改善对那里的严重残疾人士的照顾，他与默克尔的父亲同是塑造瓦尔德霍夫生活的权威。他是一个坚定的信仰者，很相信秩序。早上，工作人员和需要照顾的居民排着队进行晨间点名，当天的口号被分发下去，每个人都尽力让这句格言充满生命力（尽管不是每个人都对清晨的点名充满热情，这也有一种紧绷的军事仪式感）。瓦尔德霍夫以其慈善的定位和宗教的特点，成为独立思考的避风港。在这里被照顾的人已经被隐藏和隔离了很长时间；在瓦尔德霍夫，人们慢慢地尝试将他们融入社会。默克尔还记得那些被绑在瓦尔德霍夫长椅上的人的难过的画面，因为人们不知道如何照顾和支持他们。这些人中有不少人在社会上被忽视了很长时间，出现了住院障碍的迹象。

在秋冬季节，当早上天还很黑的时候，瓦尔德霍夫的孩子们就由一个残疾人带着去上学，大家只叫他维尔纳，毕竟上学要走半个多小时。只有当孩子们长大了，进入四五年级时，才被允许自己骑自行车去学校。默克尔就是在这样的环境中成长起来的，假设与偏离常规的人在一起、与需要帮助的人在一起有助于塑造一个人，并且在最好的情况下，有助于他们的心灵塑造，这也许不是一个大胆的说法。在瓦尔德霍夫长大的孩子们，大多数以后都会从事治疗或面向社区的职业。他们培养了一双关注他人的眼睛，他们把社区当作集体，他们有一种感觉，知道哪里有人有困难以及如何帮助人们脱困。

一言以蔽之，默克尔有着来自家庭和出身的社会脉络，这种社会敏感性使她不能只把人看作对手、工具、权力的仆人、党派的蚂蚁或职能人员。她保留了对人和他们所有人性特质的观察。在需要支持的时候，她会本能地伸出援手，就像当他们一起视察莱茵兰-普法尔茨州受洪水灾害影响的地区时，她向州长马卢·德赖尔（Malu Dreyer）伸出手一样。这是对这位患有多发性硬化症的同事的有形支持，但这些施以的援手大多是在远离摄像机的地方进行的。

例如，艾丹·奥佐古兹可以讲述这种团结的迹象，也是一种安慰。这位前联邦总理国务部长兼联邦政府移民、难民和融合事务专员回忆起一段非常困难、令人紧张的日子。她在总理府组织了一个活动，这个活动很重要，有很多人在等她。她很早就离开了她在汉堡的住所，去了车站。第一列火车被取消了。她有些轻微的紧张。由于技术故障，第二列火车今天还停留在停车场里！国务部长开始冒汗。最后，开往柏林的第三趟列车也延迟到达。城际快车上的座位似乎就是燃烧着的炭火。部长一到柏林就赶往总理府，无奈还是迟到了，她感觉地面在她脚下裂开了，仿佛直接要把她吞没。也许这样更好？总理会不会把她的头扯下来？当着大家的面狠狠地训斥她？默克尔以守时著称……但总理几乎是焦虑地向她走去，并平静地说："奥佐古兹女士，您知道，这几天来，所有的一切都在密谋针对你。"然后部长深吸了一口气，离开了。

当德国选择党（AfD）议会党团领导人幻想着，要"在安纳托利亚处置"这位部长时，总理显示出她同样具有同情心和乐于助人的品质。这种明显的暴力和破坏的幻想在网络上引来许多种族主义势力的鼓动。无论是在公开场合还是私下里，默克尔都支持她的部长，以至于艾丹·奥佐古兹觉得这位执政联盟的政治家比她自己的政党更支持她。默克尔向她重申，不要把仇恨放在心上，要反击，不要屈服。默克尔内阁中的许多部长都可以证实这种团结的迹象或姿态。

有一名记者也记得默克尔这种乐于助人的性格。那是她第一次与总理一起出访外国。这是一个经过精心挑选的小团体，允许陪同总理并向她专门介绍相关情况。她是新来的，比其他男性同事要年轻，而且还没有为自己扬名。然而，她并不紧张或被吓倒，不，她相当自信地对待这项任务，她对自己的天赋有把握。当总理走向记者的时候，她们距离很近，每个人都允许提问，这同时也是一个能力测试，因为每个记者都想向同行们展示自己有多聪明，另一方面也想用一个原创的、最好是前所未有的问题来打动总理。轮到她时，她一个字也说不出来。她晕倒了，问题卡在了某个地方，只是拒绝离开她的嘴。她结结巴巴，想寻找词语碎片，但仍然无济于事。然后，总理俯下身来，朝向她深沉地、用缓和紧张的方式看着她的眼睛，总理的眼中闪烁着光芒，眼神发出带有鼓励的信息，最后，这位记者终于勇敢地提问了。总理的回答特别有礼貌，而且非常详尽。这个新手觉得，她之所以能保住面子，是因为总理信任她，给了她信心，而不是草率地给她贴上标签。

相反，默克尔也是一个不会忘记别人的帮助和鼓励的人。在她成为总理后，她在教会大会和其他宗教场合的各种演讲中多次感谢玛戈·克斯曼（Margot Käßmann）。克斯曼曾在她遇到一个伤脑筋问题的情况下为她出谋划策，鼓励她为自己站出来，敢作敢为。这可能指的是1995年的一次相遇，当时玛戈·克斯曼和默克尔在汉堡举行的第26届德国福音教会大会上会面。教会大会也有一个口号："人啊，你被告知，什么都是好的。"

当时的环境部部长默克尔曾被要求说出她生命中的榜样，但她能否发表演讲还不确定。当时的气氛热烈。这年春天，德国人对布伦特·斯帕尔（Brent Spar）储油平台感到不安，这是一个原油浮动临时储存设施，由壳牌石油公司运营。这个设施高147米，重14 000吨，由于陈旧，现在要被处理掉。石油公司想把这个平台沉入海里，认为这是最好和最环保的方式。但绿色和平组织进行了干预，占领了平台，并提请人们注意即将发生的环境罪行。这一行动点燃了真正的骚动，因为布伦特·斯帕尔储油平台是一个强大的、容易在媒体中上演灾难的形象，代表着大公司的贪婪，代表着人类对自然的破坏，代表着那些明显是在工业游说集团中被吞噬的政治家。一场巨大的抗议浪潮出现了。人们呼吁抵制，壳牌加油站的销售额急剧下降，最后甚至发生了几起袭击加油站的事件，包括在汉堡，那里出现了特别激进的场面。尽管德国环境部长也曾表示反对布伦特·斯帕尔号的沉没，并就此写信给英国同行，但她还是成了膨胀的抗议活动的目标。而现在，她正站在汉堡会议中心的3号厅里，透过窗帘向外察看事态发展。安全形势严峻，部长的保镖建议她有序撤离。这时，时任德国福音教会理事会秘书长的玛戈·克斯曼建议谨慎行事，并鼓励部长留下。她说，在这里，在教会大会上，发生暴乱或爆发暴力事件是不可想象的，人们可以也应该相信这个教会大会的精神，特别是作为一个有信仰的人。默克尔留了下来，并发表了感人的讲话，一个关于她如何找到自己的讲话。

2009年10月，当玛戈·克斯曼当选为德国福音教会理事会主席时，即将连任总理的默克尔向她表示祝贺。默克尔说，我们肯定会从克斯曼女士那里听到更多信息，如果她提出批评，我们也会很感激。这也是总理的一个基本信念，她在演讲中反复引用启蒙时期哲学家伏尔泰的话："我不同意您的观点，但我愿意用我的生命来捍卫您表达观点的权力。"总理本人为这一宽容的哲学法令注入生命力。默克尔一直支持联邦国防军的阿富汗驻军任务，并在联邦议会为向兴都库什地区派遣更多部队进行辩护。在2010年新年礼拜的布道中，玛戈·克斯曼批评了这一军事行动："所有这些策略就是，他们长期以来一直在欺骗我们，隐瞒士兵使用武器、平民也被杀害的事实。"主教以此表达了许多德国人的想法，他们不愿意理解，为什么德国的安全也会在兴都库什地区得到保卫。这是前国防部长、社民党人彼得·施特鲁克（Peter Struck）使用的套路。主教受到了政界的批评，特别是来自基民盟/基社盟阵营的批评。然而，默克尔公开为她辩护，并且在2010年1月克斯曼在基民盟执行委员会发言时，默克尔也站在她一边。主教遭到了猛烈的攻击，说她的布道并没有什么帮助。可是，这是一次相当低级和不现实的批评，而且这对冒着生命危险在那里驻扎的士兵也非常不公平。总理低下头，轻声对她身边的主教说道："克斯曼女士，请保持冷静，现在批评者们要疯狂一阵子，但您的辩护人将有话要说。"

就这样，事情发生了。

最后，当几周后玛戈·克斯曼因酒后驾车而辞去德国福音大会理事会主席职务时，默克尔也在现场。总理通过电话与她联系，表达了遗憾，祝愿她未来一切顺利并获得力量。指导玛戈·克斯曼的口号"在上帝手里，你们永远不会落得更低"，这句话对这个瓦尔德霍夫的孩子来说也不陌生。

总理和她的孩子们

在许多家庭中，孩子们会问他们的父母，男人是否也能成为总理。对于整整一代人来说，这位女总理塑造了一种氛围，即只有女性才能引导国家的命运。当2005年联邦议会选举后，终于明确默克尔能在她的领导下与社民党组建政府时，柏林的《日报》刊登了一个无与伦比的标题"这是个女孩"，并配上了默克尔儿时的照片。这个标题强调了共和国要就一位女性担任总理达成一致是多么困难。在七位男总理之后，现在是第一位女总理。在很长一段时间里，党内的人嘲笑"妈咪"，但随着时间的推移，总理把这个绰号变成了伟大的护理员。事实上，总理在任职期间，在学校、幼儿园、青年俱乐部、教育机构、基金会或日间托儿所与儿童进行了数百次约见。她喜欢这样的约见，走近儿童，并且不被他们所疏远。

总理最喜欢的一个约见是每年1月7日与访问总理府的明星小歌手的会面。唱颂歌的孩子来自德国27个教区，每个教区4人，这样，总理要与108个孩子握手，合影27次，微笑27次，作菱形手势27次。之后是唱歌，并发表简短的演说。总理努力（经常偏离她的手稿）找到一种儿童可以理解但不刻意讨好的语言："也许你在进入联邦总理府时注意到了，这座房子通常相当安静，虽然这里有几百个男子和女子坐在办公室里。这有点像在学校里做课堂作业。每个人都在努力工作。这里的气氛很独特，人们有很多事情要做。有时我们对几句话想得很多。我们必须要思考：哪些应该写入法律，哪些不应该？文本的制定是为了能够准确地实现人们所设定的目标。我们考虑新规则是否与旧规则兼容。有时这必须要非常迅速地完成。每个人都必须集中精力，密切关注，顺势思考。这就是为什么这里总是有所谓的'工作氛围'的原因之一，也就是说，有一种特殊的平静。"

事实上，总理府确实很少喧哗。当人们第一次进入总理府时，就会惊讶于它似乎毫无生气。每个人的动作都很有分寸，人们似乎在慢动作中移动，人们轻声细语。而当目光落向办公室时，每个人似乎都在处理一份特别重要的考卷。显然，总理府里非常安静，甚至连总理都惊讶地抬起头来问自己：这是生活在哪里？所有的人都去哪里了？总理在谈到家庭政策问题以及家庭和工作的兼容性时，有时会从讲述的事情中看出端倪："关于这个问题，我想讲一个有些人可能已经熟悉的故事。当我成为总理时，我注意到孕妇实际上从未出现在总理的办公室。部长级的总理办公室主任托马斯·德梅齐埃（Thomas de Maiziére）当时发现，总理办公室的每个雇员都应该有一个所谓的母亲之家——教育部、经济部、国防部——他们来自那里，一旦有妇女怀孕，她们就立即被送到母亲之家，因为人们认为总理办公室必须有充分的能力，那里有太多的不确定性。我可以告诉你们：当母亲或父亲带着他们的孩子来到总理府时，这是很美妙的。我们不需要再送走任何一名女文员——这只适用于从文员级别开始。即使在她最熟悉的工作环境中，也能体会到怀孕的乐趣，并使她在休完育儿假后回到总理府工作。"在日程安排允许的情况下，默克尔会抽出时间接待早先工作人员的子女或孙子孙女，耐心地带他们参观总理府，为家庭相册拍照，并在这些私人场合展示手部菱形图案。如果孩子们表达了真正的关切，她不会错过机会，会亲自回复他们的来信。总理非常推崇的救助医生会创始人鲁珀特·诺伊德克（Rupert Neudeck）的孙女就有这样的要求。她与父母在津巴布韦生活了三年，因此对该国的未来感到担忧："2013年1月8日，特洛伊斯多夫。亲爱的安格拉·默克尔，我有一封信给你！所以，这封信是：我曾经在津巴布韦，那是在非洲，那里有一位总统，他的名字是穆加贝。他很坏，因为他有时候会杀人。所有的非洲人都希望把他赶走。每个人都希望有另一位总统。我们能不能谈谈摆脱他的问题？或者说，他怎么才能变得像你一样？我的奶奶可以告诉你，我们住在哪里，这样我们就可以交谈了。你的，诺拉。"总理认真地亲自写了回信。虽然在这种情况下她不能来特洛伊斯多夫，但她加入了对穆加贝的批评。

默克尔与许多因无子女而受到攻击的政界女性一样有着同样的命运。从政的妇女总是要解释她的身体和婚姻状况；同样的情况并不适用于男人。男人的身体毋庸置疑就是政治加一个感叹号；家里的"鸡毛蒜皮"则由女人来处理。即使是西德的第一位女部长伊丽莎白·施瓦茨豪普特（Elisabeth Schwarzhaupt），也不能按照教会和阿登纳的意愿成为家庭部长，因为她没有孩子。

在接受《布里吉特》杂志采访时，默克尔曾被问及为什么她

一直没有孩子 :"结果就是这样。我对这种命运没有异议,但这也不是一个原则性的决定。"然而,在基督教民主联盟,无子女的妇女在很长一段时间内仍然需要解释。在2002年的选举活动中,当埃德蒙·斯托伊贝尔代替默克尔成为总理候选人时,发生了令人震惊的失礼一幕。在一次活动后,一位市长向默克尔赠送了一套连身衣,并眨着眼睛说,这样的婴儿也是很漂亮的!默克尔曾经在记者的小圈子里讲过这个故事,很明显,她对这种冷漠无情的粗鲁行为印象很深。

顺便说一下,居高临下不是总理的行为方式,当然也不是针对儿童的,她对待儿童非常尊重。一位曾在20世纪90年代初与默克尔在波恩共事的政治家,在柏林成为参议员之前,在柏林米特区的老字号超市 Hit Ullrich 购物时偶尔会遇到默克尔。有一天,她带着7岁的女儿去逛街。她和默克尔已经很久没有见面了,自然有很多话要说。小女孩觉得时间太长了。"反正我妈妈给你投了选票,我们现在可以走了吗?"总理随后弯下腰,相当严肃地说道:"现在你告诉了我一个秘密,因为选举就是一个秘密,你可不能告诉任何人。"

在 女 厕 所

　　丹麦首相刚刚当选，当时第一届欧洲理事会已经提上日程，欧盟各国政府首脑每年在此召开两次会议。政府首脑仍然是非常多的穿着深色西装的男人，其中少数女性政治家通常以更多的彩色服装和西装外套脱颖而出。在这一天，丹麦首相和德国总理第一次见面：在女厕所里。女政治家们站在镜子前，审视权力的面孔，并相互眨眼。然后，总理轻轻推了一下她的同事，笑着说：现在是女人在厕所里安排政治事务了。

补 习 课

　　美国是她渴望的土地。每天，在东柏林上班的路上，她都会撞见隔离墙、铁丝网、塔楼和她被修剪了的生活，偶尔会梦到反法西斯防卫墙。如果她被允许到西方国家旅行，她想着——在63岁的时候，民主德国的妇女才被允许这样做——她会先飞到美国，因为那里的广袤和文化多样性。她会去看落基山脉，在无尽的高速公路上飞驰，听布鲁斯·斯普林斯汀的歌。

　　而现在，2010年，去美国旅行已经是例行公事，奥巴马已经是她见过的第四位在任总统。美国令默克尔着迷的是它的活力、动力、企业家精神和将事情付诸实施的速度。现在她站在这里，站在帕洛阿尔托的斯坦福大学校园里，隔壁就是硅谷和好莱坞，看着美国科学家和学生们期待的脸，然后她感觉有些刺痛。她母亲的教育精神伴随着她。也许还有对德国发展和进步缓慢的愤懑，她用最简短的语言上了一课："你们应该知道。德国一直重视发明创造和各种各样的想法。德国人发明了汽车、电脑、传真机、MP3播放器等很多东西，我们为此感到自豪。是的，我们发明了电脑，不管你们喜不喜欢！我想邀请你们到柏林的康拉德·楚泽信息技术中心。你们可以为今天的计算机行业赚了这么多钱而高兴——有时我们为自己没有参与那么多而感到恼火，这就是为什么我们也在努力变得更强大的原因——但尽管如此：请你们不要认为，是美国人发明了一切！"

一些学生听得目瞪口呆。那个叫康拉德·楚泽的人是谁？然后他们掏出了自己的智能手机。

马拉松运动员

他训练有素。他站在这密密麻麻数不清的人群中，精英选手们已经出发了。直升机像饥饿的猛禽盘旋在蒂尔加滕上空，运动员们被铁克诺节拍所鞭策。成绩很重要！基民盟的秘书长在汹涌的人潮中，此刻，在出发前两分钟，他的手机响了，是一个无显示的号码。彼得·陶伯马上知道，是总理来了。老板，忽略它是不可能的。陶伯对这一天有了安排。他的最佳时间是秋天。不过，现在他必须与总理谈话。现在回想起来，这只是一件小事，是对一次误导性采访的纠正。不过，任何拖延都是不能容忍的。现在是周日上午。陶伯没有告诉总理他在哪里，她也没有问。他正在干他的活儿。打几个电话，然后这件事就不了了之了。而总理也再次来电，想知道此事是否已经得到澄清。陶伯一边解释一边跑着。当他最终到达终点时，他比休闲跑者神奇的四小时记录高出两分钟，差一点没有达到他的最佳成绩。

默克尔不跑马拉松，但她仍然是一个马拉松选手。她的耐力，她的体力，她的体质，她的勤奋，都是具有传奇色彩的。

她熬过了多少个峰会之夜，通常比别人更清醒，第二天一早又准备出发，向下一个峰会、下一个问题、下一个需要解决的冲突前进。那是长途跋涉，那是对身体的过度开发。陶伯是成绩至上倡导者的一员，他属于自我优化的一代，每个人都想在没有英雄的时代成为英雄。而对他来说，默克尔绝对有女英雄的模样，一台永动机，一个自我进食、不知疲倦的政治机器，一直在运行又运行。对他来说，她也成为耐力方面的榜样。在他的书《你不必成为英雄》（*Du musst kein Held sein*）中，他写到了自己的上司："如果她能保持下去，这是我的印象——那么我也一定能做到。我没有想到，每个人的疼痛和压力阈值是不同的。我当然有长处和能力，但良好的自我意识并不是其中之一。由于我还没有学会问自己能走多远而不受伤，所以我就一直在跑。"他的成绩至上几乎使他失去了生命。2017年10月底，他在法兰克福又跑了一场马拉松，之后他立即投入到与绿党和自民党关于组建牙买加联盟的备受煎熬的试探性谈判中。严重的胃痛袭击了他，紧急呼救，急诊治疗，手术，并发症，又一次手术。他与死亡擦肩而过。

十二天后，陶伯才从重症监护室转到普通病房。这时，联盟谈判已经开始，默克尔是基民盟/基社盟谈判代表团团长。尽管如此，她还是去探望了他，占用了她很多时间。联邦国防军医院像蜂巢一样嗡嗡作响。总理到了。整个管理层和另外一些人在欢乐的期待中列队等候。他们也想见到总理，但默克尔以其一贯的魅力，成功地解散了集会。她感谢他们的关注，感谢他们的友好接待，不过非常肯定的是，这里的每个人都有很多事情要做，为此她完全理解，没有人会觉得被她妨碍了工作，而且她现在在这里有一个非常私人的任务，即看望陶伯先生。在所有领导人员和非执行人员清场后，总理与陶伯坐了下来，他们谈论上帝、世界、健康，还有情感。总是被困在政治的高效率仓鼠轮[1]中，会对人造成什么影响？一个人怎么能忍受呢？

陶伯宣布退出政坛。默克尔继续竞选。2019年夏天，总理出现了三次颤抖。各种猜测，众说纷纭。这位政治家的病有多严重？整个世界都在关注这种颤抖，它似乎符合以政治、文化和气候灾难为标志的世界秩序动荡的象征。在这里颤抖的不仅是总理，正在颤抖的还有民主和西方的开放社会模式。当然，他们向她推荐希莉·哈斯特维特（Siri Hustvedt）的书《颤抖的女人》，当然她从头到脚做了全面检查，但没有任何发现。是缺水还是缺少睡眠？还是与她母亲前不久去世有关，与她现在在这个世界上已没有了父母有关？政治一直是一个战场：这是一种创伤后的应激障碍，是多年来政治领域中所有被压抑的和所谓被克服的冲突对她造成的闪电般的记忆。

如果我们回到1990年，也就是默克尔政治生涯开始的那一年，我们不仅看到生活节奏的加快和工作业绩的巨大增长，而且还看到这位政治家不得不面对的一连串冲突、谈判、争端和讨论。站在芬兰总理身边，她第三次在公众面前颤抖，清晰地抽动着嘴唇，仿佛在自言自语。她到底在说什么，是不可能弄清楚的，解释的范围在"你可以做到"或"该死"之间。2021年的夏天，据说是前欧盟委员会主席让-克洛德·容克作出了解释。他

1　提供给仓鼠类动物进行运动的装置。该装置将一个轮圈竖直安装在一对滚轴上，让仓鼠在轮圈里不停地奔跑。——译者注

说，是默克尔本人不打自招，这是一个"潜藏的过劳"问题。他还说："这位女性每天工作十七八个小时，即使是经验丰富的男人也受不了。"她，一个经验丰富且具有持久力的女性，一直在强忍着。这名马拉松选手每天工作很少在四小时以下。短跑从来不是她的专长。

尾　声

安格拉·默克尔——无论人们如何逐一评估她的政策——都恢复了联邦总理府的威望和尊严，这一威望曾被两位前总理的行为严重玷污了。赫尔穆特·科尔和格哈德·施罗德在其卸任后的生活中促进了人们对政治的不满，并助长了大家对政治的怨恨。两位前总理都违背了他们的人民党宗旨，因为他们把自己凌驾于人民之上。科尔在党派献金事件中践踏了法律，并培养了一种对职务的准封建理解。我可以做的事情，利森或曼迪·穆勒可不能做了。而格哈德·施罗德一方面通过他的社会非均衡议程改革，另一方面通过他后来赤裸裸的金钱取向，给人的印象是他根本不在乎他所出身的阶级和政党。他继续与一个最初被视为希望灯塔、后来却变成了为施罗德提供高薪工作的专制统治者发生裙带关系，给许多人留下了这样的印象：政治是不择手段的野心家的通行证，而总理职位只是自我阶梯上的一块跳板。

赫尔穆特·科尔和格哈德·施罗德任凭自己被包裹自己的神话所吞噬。科尔认为自己已经被浸染在每一个日常的过度要求中，并在由石油、青铜、大理石和花岗岩构成的姿态中冻结了。格哈德·施罗德更倾向于流行文化的神话，他把自己看成是佩里·梅森（Perry Mason）式的成功律师，是一个实干家和管理者，他把自己的国家当作一个落魄的汽车公司进行改造，并给员工们进行彻底治疗，而他自己则以粗大的雪茄为乐。两个人都没能从这些刻板的神话和形象的牢笼中走出来。科尔的生活以悲剧收场，施罗德的生活则是一场闹剧。

默克尔与总理一职的关系令人着迷，因为一方面她是一名抗拒神话的女性，但另一方面，正是因为如此，她才真正启动了制造神话的机器。即使作为总理，默克尔也始终保持着朴实、正直的生活态度。不过，通过小心翼翼地保护她的私人生活，她把总理府作为她存在的唯一参数。她对权力敬而远之，回避使用格哈德·施罗德的超大办公桌。这张办公桌如此之大，以至于人们如果想替换它，就必须拆解它；相反，她坐在靠近门的会议桌前，而门通常是开着的，因此她的工作场所没有任何标志性说明。如果客人来了，她在门口欢迎；如果他们想喝咖啡，她就给每人倒一杯。这与其说是策略，不如说是她母亲的遗产，对每一位客人的礼貌。她以某种谦逊的态度对待总理府，而不像她的前任那样在墙上挂着格奥尔格·巴泽利茨（Georg Baselitz）的作品即一只俯冲而下的鹰，从而显示他是一个艺术鉴赏家，同时也是一个具有讽刺意味的权力者。他想表明他不想被职务、他的前任或任务的重担所支配。相反，默克尔选择了奥斯卡·科科施卡（Oskar Kokoschka）的一幅更传统的阿登纳画像，一方面向基民盟的这位老人和德意志联邦共和国第一位总理致敬，另一方面则将自己放在背景之中。阿登纳的画像也分散了她的注意力，因为她宁可把维利·勃兰特和赫尔穆特·施密特放在她的内部总理画廊里，但作为基民盟总理，她不能把他们挂在办公室里。否则，她就要买一个黑色的地球仪，以填补她的教育空白，并关注世界。还有鲜花。她喜欢用五颜六色的花束来照亮权力的大房间。

然而，仿佛与她自己的意图背道而驰，多年来，准神话式的东西悄然而至，因为总理作出了如此多的自我放弃，以至于她的谦虚姿态，她对可悲姿态的放弃本身就具有了某种英雄主义色彩。她，这位如此谦逊、不事张扬的政治家，恰恰是通过对自己不显露出来的严苛，成了女英雄，成了后英雄时代的女英雄。她以"您了解我"作为竞选口号，但对许多人来说，她仍然难以捉摸。她身上让人不可思议的是，公众人物和私人形象根本没有这么大的分歧，否则她不会坚持到现在，因为永久的伪装会侵蚀一个人的核心。她从不假装，但——这也许更难——她总是控制自己，控制情感冲动，把她本性的一部分置于冰上，使之静默。她从政是因为她在寻找自由，并希望塑造自由。她加入的第一个政党"民主觉醒"（Demokratischer Aufbruch），已经用它的名字代表了她所争取的东西：出发、开始、争取和捍卫她以前从未知晓的自由。她想摆脱她的整个原生皮肤，至少是被统一社会党国家，即民主德国所影响的部分，它给许多人戴上了内心的枷锁和口罩，使得练习直立行走和探索自己的能力变得困难。东德也是千篇一律的制度之地，因为这个制度阻碍了个人的创造性自我发展，并把他或她包裹在一个含有空话和生活指令的黏稠罗网中。

默克尔希望敢于获得更多的自由，这也是她2005年第一任政府宣言的口号。不过，当她1990年从民主觉醒转到基民盟时，当她成为议员和部长时，是的，甚至作为科尔的副手时，她一次又一次意识到，她的自由必须在狭窄的术语和战术轨道中再次移动。为了自由发展，她必须走到自己的极限，但她很快就遇到了她自认为已经克服了的有时却又值得怀疑的极限。为了在政治上生存下去，只允许自己的舌头小心翼翼地躲藏起来，大多数时候它必须听起来和其他舌头一样，而且它必须始终遵从最高层级的舌头，即总理的舌头所设定的节拍。对于那些以前就认识她的人来说，她有时变得相对陌生，因为原来的安格拉、民主德国的安格拉，听起来比新的安格拉、基民盟的安格拉更自由。她的母亲赫林德·卡斯纳几乎不接受采访，她的父亲也是如此。只有一次，西德意志广播公司（WDR）的一名电视记者设法与她的母亲进行了较长时间的交谈。那是在1993年，当时默克尔还是妇女和青年部部长，她应该在媒体上证明自己的年轻和胜任青年部部长这一职位。她的母亲当时说："我一直认为安格拉非常活泼和外向，非常开朗，这种非常受控和集中的品质有时——我不想说奇怪，但在她身上是新的。当然，她也通过自己的科学研究学会了非常精确的思考，正如她自己一次又一次地说，我可以想象，她在新的岗位上也学会了不能以人们可能想说的方式说一切。但我希望看到她保持某种开放性，因为我认为这只是她的一部分，而且还不时被提及。也许这已经是对职位的一种让步吧。"这位青年部部长作为嘉宾参加西德意志广播公司的一个节目，通过插播的方式面对母亲的印象，电视机前的观众可以看到她的面部反应，因为插播的内容和演播室的情况会来回切换。这位年轻的政治家发现，以这种方式面对她母亲的看法是让人非常不愉快的。她不希望她的过去和家庭对她有影响，因为她在很小的时候就离开了父母家。从那时起，她就非常注意不再让媒体有机会如此亲密地接触她的家人。

默克尔如此坚决地捍卫自己的私生活，也与她尽可能地将自己与她的前任赫尔穆特·科尔和格哈德·施罗德区别开来有关。恰恰是这两个人体现了政治和总理职位对那些把自己的全部生存作为赌注投入其中的人的影响。赫尔穆特·科尔在担任总理后遭遇的不幸摧毁了他的家庭，这也与这个家庭以这样一种方式投入使用有关，它已经成为政治象征游戏的一部分，因此它本身也是政治对手的目标。而格哈德·施罗德也把他的婚姻和家庭从政治中分离出来，因为如果人们只给政治伸出一个小指头，政治就完全吞噬了私人事务。默克尔没有顺从这种破坏性的过度开发。尤其是她的丈夫，他只在妻子宣誓就任总理时在联邦议会的访客席上坐了一次。然后他还在膝盖上放了一台笔记本电脑，显然是沉浸在政治之外的一个重要话题之中；人们不可能对公众表现出更多的无动于衷。这种距离政策被默克尔解释为保守秘密、不易接近和冷淡姿态，但事实上，这位总理是一个非常热心和富有同情心的人，尽管如此，她仍然认为不是所有私人的事情都可以政治化的。

与默克尔在私人生活方面的不透明性一样，该国总理对国家及其政治潮流同样具有渗透性。而在这里，这也是她的方案的一部分（这根本不是方案）一切总是以矛盾和辩证的方式出现。所以最后，她是一个对潮流有很大渗透力的人，因为她总是要在三个大联盟中寻求共识。它使大联盟的特殊情况成为规则，从而保证了稳定，但也带来了新的和不同的不稳定性。她实际上依靠政治和经济的竞争，使政府和反对派之间的竞争失效，因为很难去反对大联盟。她，反对最低工资，却推出了最低工资；她，先是延长了核电站的寿命，然后又比红绿政府更突然、更彻底地退出了核电；她，领导一个反移民的政党，却使德国成为一个移民国家；她，反对同性伴侣结婚，却允许对它进行投票，并帮助"同性婚姻"法案获得通过，不过她自己却投了反对票。她在1989年第一次环顾了社民党，但后来转向民主觉醒，最后辗转到基民盟，而后再到社民党，并成为最佳总理，而这是同行们从未有过的。如果没有基民盟，默克尔永远不会成为总理，因为只有她执着赫尔穆特·科尔的等级观念，只有他近乎封建的权力，才帮助她实现了闪电般的平步青云，而在结构上比联盟党更加多极化的社民党是永远不会成功的。

在她的总理任期即将结束时，人们几乎不知道她与她的政党有多接近。在她的政党中，她有时感觉像一个陌生人，被误解，不受欢迎。她，一个反对魅力的人，却与魅力四射的奥巴马相处得最好，并形成了自己的魅力。是的，她——厌恶各种狂喜——恰恰在那些认为联盟是红色的人中激起了炽热的激情，而在那些认为联盟不够黑的人中引起了仇恨。

最后，即使在她离开的时候，对立的倾向也会发生冲突，但那是从最好的、更调和的意义上来说的。她成功地成为第一位让自己变得毫无意义的总理，她首先辞去了党主席的职务，同时宣布她不会再参加连任竞选。一位总理以自我决定的方式辞职——这在联邦共和国的历史上从未发生过。因此，一方面，她尽可能不引人注意地溜走，但同时每个人都在以一种特殊的方式观看，因为从某一点开始，一切都可以被解释为最后一次，作为告别。

与所有真正的偶像一样，安格拉·默克尔的传记和在职时间产生了相互冲突的题材；正是这些矛盾的情绪释放了那些能量的洪流，使她成为一个有生命力的、历久弥新的人物。她是一个颤抖的女人，但总是一直站着，而且即使她颤抖地坐下来，也保持站立的姿态；她是一个从未想过要成为女权主义者的女人，但却被强迫成为女权主义者；她喜欢伟大的戏剧性的瓦格纳歌剧，但在政治舞台上她总是以反戏剧性的女王角色出现；她本想一辈子说法语，但在生命的抽奖中找到了说俄语的途径；她曾是"科尔的女孩"，然后成为"妈咪"，最后成为"默克尔妈妈"；她是接纳难民的政治家，只是为他们设定了非常严格的限制。在她执政期间，德国作为一个国家越来越富裕，同时也滋生了贫困；她接受了各种男性木乃伊、怪物和突变，却没有成为铁娘子或麦克白夫人；她很早就被看作气候总理，但在很长一段时间里她不是；她的心里总是装着欧洲，她渴望去旅行。她热爱自由，却比我们少了很多自由；她被认为是世界上最有权势的女人，却常常比我们更加无能为力。现在她有时间了，却必须先学会重新拥有时间，否则就太晚了。